Olnigg
und die Bytebullen

Olnigg
und die Bytebullen

© 2004 Dieter Henke

Herstellung und Verlag: Books on Demand GmbH. Norderstedt

ISBN 3-8334-1370-0

Dieses Buch ist allen Besuchern meiner Homepage gewidmet, die meinen verbal aggressiven Onlinespielanalysen seit Monaten, Jahren oder der primitiven Urzeit die Treue halten. Ihr und euer Echo in Form von Unmengen Emails, über viele Boards verstreute Forenbeiträge und nicht zuletzt dem stetig fortschreitenden Counter wart in den mehr als sechs zurückliegenden Jahren und weit über 100 Updates Ansporn, Verpflichtung und Belohnung zugleich. Euer Lob und eure Kritik haben mein Onlineleben bereichert und sind fester Bestandteil meines Schaffens geworden. Dafür möchte ich euch in Form des vorliegenden Kurzromans danken. Ich hoffe ihr habt beim Lesen der folgenden Zeilen ebenso viel Vergnügen wie ich beim Schreiben und es würde mich freuen, wenn diese vielleicht etwas ungewöhnliche und bestimmt sehr seltene Art des Begehens eines Homepagegeburtstags euer Wohlwollen finden wird.

Vielen Dank sagt
Olnigg

Inhalt

1. Der Auftrag — 9
2. Blind Online Dates — 13
3. Ein Onlinegrab — 19
4. Das Schwein Olnigg — 25
5. Erste Triebe — 29
6. Kampf mit Online — 35
7. Baron Winterhaus — 39
8. Zappenduster — 45
9. Zum Dritten — 53
10. Lösung H — 59
11. Schlechtes Vorspiel — 65
12. Das Vorkämpfen — 71
13. Ein Schlachtfeld — 85
14. Sprung in der Schüssel — 93
15. Dämmerung — 99
16. Es raupelt im Karton — 107
17. Die Laborratte — 113
18. Der Anfang vom Ende — 121

1. Der Auftrag

Chat Olnigg mit Bertold Schwunterfeld

Olnigg: Sie zahlen mir also 20.000 Euro, wenn ich Ihnen Ihre Stützstrümpfe rette?
B.S.: Das kann man so sagen.
Olnigg: Sie haben Ihre Worte auch ganz sicher bewusst gewählt und nicht gewürfelt?
B.S.: Wenn Sie ermitteln können, wer aus unserem Labor die bislang geheimen Rezepturen für den neuen Stretch 87c an die Konkurrenz weitergeleitet hat, dann werde ich dies zu honorieren wissen.
Olnigg: Und wie komme ich zu der recht ungewöhnlichen Ehre, dass Sie das Schicksal Ihrer ungelegten Socken in meine Hände legen?
B.S.: Sie sind mir als einer der besten Internet Rechercheure genannt worden und es erschien mir angeraten die Ermittlungen auf die Online-Ebene zu beschränken und nicht in die Hände eines gewöhnlichen Privatdetektivs zu legen.
Olnigg: Aus Angst dieser würde bei der Auftragsverkündung vor lauter Lachen den Teppichboden Ihres Büros einnässen?
B.S.: Nein, weil ich vermute, dass der gesamte Diebstahl online abgewickelt worden ist.
Olnigg: Wie das? Haben Sie in der Anlage einer Email Bargeld gefunden?
B.S.: Mir scheint Sie nehmen mich nicht sehr Ernst.
Olnigg: Es geschieht recht selten, man könnte sogar sagen so selten wie ein Meerschweinchen bei der Kopulation mit einem Nashorn zu beobachten, dass mir der Geschäftsführer eines Weltunternehmens ein kleines Vermögen für die Rettung seiner Fußbekleidung anbietet.
B.S.: Vergessen Sie nicht, es geht um Stützstrümpfe, die aufgrund Ihrer völlig neuartigen Konsistenz einen Durchbruch im Bereich der Medizin darstellen und zudem unserem bislang rein in der Modebranche tätigen Unternehmen einen völlig neuen Markt erschließen könnten.
Olnigg: Das können Sie doch auch, ohne dass der Verräter dieser revolutionären Socken gefunden wird.
B.S.: Nicht wenn uns die Konkurrenz zuvorkommt und wir ihr keine Firmenspionage nachweisen können.
Olnigg: Sag mal, bist du das Fred? Ziehst du hier diese billige Show eines panischen Feinstrumpfhändlers ab?

B.S.: Ich verstehe nicht.
Olnigg: Glaube ja nicht, ich hätte dir eine Sekunde lang die Story von Bertold Schwunterfeld abgenommen. Diesen fetten Industriemagnaten aus der Modebranche kennt doch jeder aus der Zeitung. Da hättest du dir schon einen weniger bekannten Namen als Maskierung aussuchen müssen.
B.S.: Soso. Jetzt verstehe ich.
Olnigg: Ganz ungewohnte Worte aus deinem Mund Fred.
B.S.: Besitzen Sie eigentlich online Zugriff auf Ihr Girokonto?
Olnigg: Drehst du jetzt völlig durch? Das ist bei mir doch so selbstverständlich, wie dass dieser von dir gespielte alte Geldsack sich alle Wochen mit einem anderen käuflichen Topmodel an seiner Schwabbelseite abfotografieren lässt.
B.S.: Gut, denn ich habe Ihnen 2.500 Euro Vorschuss überwiesen.
Olnigg: Du glaubst doch nicht ich bin jetzt so dumm und neugierig nachzuschauen, ob das stimmen könnte.
Olnigg: Hallo?
Olnigg: Ein anderer wäre vielleicht so blöd, aber ich falle nicht auf deinen Gag rein. Du hast mir wahrscheinlich 2.500 Cent überwiesen.
Olnigg: Nein, da kannst du lange darauf warten, mit mir nicht.
Olnigg: Ich doch nicht.
Olnigg: Niemals.
Olnigg: Sehr geehrter Herr Schwunterfeld, es ist mir eine Ehre mit Ihnen Geschäfte machen zu dürfen und wäre es zu viel verlangt, wenn Sie mir den Teil mit der mir zugedachten Rolle noch einmal etwas detaillierter ausführen könnten.
B.S.: Könnte man statt detaillierter auch fetter sagen?
Olnigg: Seien Sie versichert, sehr geehrter Herr Schwunterfeld, dass ich überdurchschnittliche Leibesfülle immer schon als Ausdruck intensivst gelebten Luxus verstanden habe, den zu leisten ausschließlich der geistigen und monetären Elite unserer Gesellschaft, wie zum Beispiel Ihnen, vorbehalten sein sollte.
B.S.: Natürlich ebenso wie die käuflichen Topmodels, nehme ich an?
Olnigg: Gerade in Zeiten von geringem Bevölkerungszuwachs sollte es gerade den männlichen Koitusbeteiligten zugestanden werden, den Ernstfall der Nachwuchsproduktion mit möglichst zahlreichen und verschiedenen weiblichen Brutstätten zu üben.
B.S.: Da dies nun geklärt ist, nehme ich an Sie übernehmen den Fall?
Olnigg: Selbstverständlich werde ich Ihre Krücksocken retten.

B.S.: Die Stützstrümpfe meinen Sie wohl?
Olnigg: Meinetwegen die auch noch. Wie haben Sie denn von dem geistigen Diebstahl erfahren?
B.S.: Ich entdeckte Inhalte eines von uns erstellten Dokumentes in einem wissenschaftlichen Magazin. Wobei zwischen Erstellung und ungewollter Veröffentlichung der Unterlagen nicht nur sehr wenige Stunden lagen, sondern nachweislich auch nur drei Personen daran beteiligt waren.
Olnigg: Die da wären?
B.S.: Da wäre zuallererst der Erfinder des Strumpfes selbst, der Leiter unserer Forschungsabteilung Herr Dr. Henrik Jodlinger, dann seine Sekretärin, Frau Dorothea Raupel, die die neuesten Informationen zu Papier gebracht hat, und zuletzt der Bürobote, der mir die geheimen Unterlagen persönlich überbrachte, ein Student namens Detlef Diehl. Das sind außer mir die Einzigen, die Zugriff hatten.
Olnigg: Und für sich selbst können Sie natürlich die Hand ins Feuer legen?
B.S.: Wahlweise sogar auch Ihr Honorar, wenn Sie verstehen, was ich meine?
Olnigg: Gut, dass wir das geklärt hätten. Wie soll es weitergehen?
B.S.: Ich lasse Ihnen schnellstmöglich die Personalakten der Verdächtigen zukommen, und alles Weitere liegt in Ihrer Hand.
Olnigg: Einverstanden, wobei ich noch eine Bedingung hätte.
B.S.: Oho. Dieses Wort hört ein Geschäftsmann so gerne wie eine Flussforelle die Vokabel Dürreperiode.
Olnigg: Ich werde Ihnen eine Email mit einem angehängten Standardformular zusenden, welches Sie bitte ausdrucken und dann an mich unterschrieben zurückfaxen. Darin bestätigen Sie mir, dass alle meine „Nachforschungen" in Ihrem Hause mit Ihrer Zustimmung geschehen und keinesfalls den Tatbestand eines Hackerangriffs erfüllen.
B.S.: Das können Sie als erledigt ansehen. Wäre das alles?
Olnigg: Von meinen Seiten aus, ja. Hätten Sie noch etwas auf dem Herzen?
B.S.: Beachten Sie die zeitnahe Erfüllung Ihrer Aufgabe. Es hilft meinem Unternehmen nichts, wenn erst die übernächste Erbengeneration den Täter präsentiert bekommt.
Olnigg: Keine Sorge, es wird höchstens die nächste Generation werden.
B.S.: Ist das dieselbe Qualität von Witz wie die Redewendung „alter Geldsack"?

Olnigg: Bin schon bei der Arbeit.

2. Blind Online Dates

Tagebucheintrag Olnigg

Die erste Sichtung der Personalakten hat mir bereits einen guten Ansatzpunkt aufgezeigt.
Von den drei verdächtigen Personen, die mit den gestohlenen Unterlagen zu tun hatten, erscheint mir dieser Detlef Diehl am angreifbarsten. Gemäß den Unterlagen ist er 22 Jahre alt, Student und jobbt nebenbei in der Schwunterfeld AG als Bürobote. Interessanterweise erhielt er Anfang dieses Jahres eine Abmahnung, als er während der Arbeitszeit an einem frei zugänglichen Computer beim Spielen erwischt worden war. Er soll über die Internetanbindung der Firma an einem Online-Rollenspiel namens FancyFun teilgenommen haben. Ich habe zwar keine Ahnung, was so ein Onlinespiel ist, geschweige denn, was man dabei gewinnen kann, aber das dürfte doch ein sehr geeigneter Ansatzpunkt sein, um mir sein Vertrauen zu erschleichen und mit der Zeit ein wenig mehr über ihn zu erfahren.

Email Olnigg an Detlef Diehl

Hallo,
du kennst mich nicht, aber wir beide arbeiten für dieselbe Firma und ich habe über einen Bekannten erfahren, du seist beim Spielen von FancyFun erwischt worden.
Ich habe schon viel von diesem Spiel gehört und würde es gerne einmal ausprobieren. Könntest du mir ein wenig darüber erzählen?
Vielen Dank im Voraus
Olnigg

Email Detlef Diehl an Olnigg

Hab keinen Bock den Laberonkel zu spielen. Kaufs dir, werd lvl 50 und meld dich dann beim Heiland.
cu

Email Olnigg an Detlef Diehl

Hallo Heiland,
um in der dir eigenen Welt zu bleiben, möchte ich es einmal spielerisch ausdrücken: Sprache ist bisweilen wie ein Skalpell. Bei korrekter Anwendung mag es sehr hilfreich sein, aber in der Hand eines Dilettanten wird es zur gefährlichen Waffe. Bei allem was du

mir auch immer mitteilen wolltest, hast du leider nicht mein Verständnis sondern nur den Verstand getroffen.

Die Aufforderung den Heiland zu treffen, mag man durchaus noch als versteckten Hinweis auf eine Kirche als Treffpunkt interpretieren können, aber von einem durchbluteten Wesen wie mir zu fordern die Form der Zeichenkombination M50 anzunehmen, dürfte an jedem Ort dieser Welt zum augenblicklichen Totalverlust der Autorität führen.

Kann denn unser Treffen nicht auf die klassisch traditionelle Art und Weise durchgeführt werden, so mit Kantine und Handschlag?

Auch wüsste ich gerne ob es zu dem Spiel FancyFun schon eine Komplettlösung gibt, oder ob ich mir alles mühsam selbst erarbeiten muss?

Bis dann
Olnigg

Email Detlef Diehl an Olnigg

Get lost sux0r

Tagebucheintrag Olnigg

Orthografisch hat dieser Kerl augenscheinlich noch nicht den bestmöglichen Ausbildungsstand erreicht und diese erste Kontaktaufnahme würde ich weniger der Kategorie Erfolgserlebnis zuordnen.

Es scheint so, als hätte ich im Bereich des Onlinespiels noch einige Wissensdefizite die eine länger anhaltende Kommunikation mit Herrn Diehl unmöglich machen. Aber bei dieser temperamentvollen Art der Reaktion scheine ich zumindest einen Lebensnerv von ihm getroffen zu haben.

Als Nächstes werde ich die Sekretärin Dorothea Raupel angehen. Sie ist 52 Jahre alt, geschieden und hat eine recht interessante Wohnadresse. Wenn die Angaben korrekt sind, dann wohnt sie in einem der nobelsten Vororte dieser Stadt und ein im Internet recherchiertes Luftbild von ihrer Wohngegend offenbarte mir unter der Adresse ein Anwesen, dessen Instandhaltung aufgrund seiner Größe nur mit einer Schar von Bediensteten möglich sein dürfte. Dies steht aber in extremen Gegensatz zu ihrer nicht gerade fürstlich bezahlten Anstellung als Sekretärin, und entweder hat ihr ehemaliger Gemahl Unterhaltszahlungen zugestimmt von denen andere Länder ganze Armeen unterhalten können oder diese Dame hat reichliche Nebeneinkünfte. Da Ehemänner nach Beendigung von notariell beurkundeten Lebensgemeinschaften so selten zu generösem Verhalten neigen wie Steine der Blüte anheim fallen, tippe ich eher auf Letzteres. Nur welches Zubrot verdient sich diese Frau? Vielleicht sollte ich einmal einen Schuss in Blaue wagen.

Email Olnigg an Dorothea Raupel
Hallo Frau Raupel,
eine uns beiden vertraute Person hat mich an Sie verwiesen. Diese empfahl mir Ihre Dienste und es würde mich freuen Sie einmal näher kennen zu lernen.
Mit freundlichen Grüßen
Olnigg

Email Dorothea Raupel an Olnigg
Sehr geehrter Herr Olnigg
Es freut mich Ihre Bekanntschaft machen zu dürfen. Leider musste ich eine Ihrer geschriebenen Zeilen mit etwas Verwunderung zur Kenntnis nehmen. Ich komme nicht umhin zuerst mir und jetzt Ihnen die Frage zu stellen, mit welchem Namen die Person geziert wurde, der ich Ihre Kontaktaufnahme zu verdanken habe?
Zudem wäre es nicht nur dem Fortschritt in der Sache sondern auch einer sinnvollen Nutzung der Zeit dienlich gewesen, wenn Sie mir wenigstens andeutungsweise verraten hätten, welchen meiner Dienste Sie gerne in Anspruch zu nehmen gedenken?
In Erwartung einer erklärenden Antwort
verbleibe ich mit Gruße
Dorothea v. Raupel

Tagebucheintrag Olnigg
Sehr interessant, hinter dieser Sekretärin verbirgt sich anscheinend eine Dame von Welt, noch dazu eine Adlige. Frau von Raupel scheint allerdings auch von Haus aus recht misstrauisch zu sein und ihre Machenschaften nicht gleich jedermann offenbaren zu wollen. Weil sie sich mit ihrer Antwort reichlich Zeit gelassen hat, was hoffentlich durch höfische Etikette und nicht in beginnender Gicht begründet ist, werde ich mir diese Gelassenheit zu Eigen machen und mit meiner Erwiderung ebenfalls etwas abwarten.
Zeit sich dem dritten Verdächtigen zu widmen.
Die Firmenakte des Henrik Jodlinger ist nicht gerade ein Quell an Informationen. Aber wie es aussieht, ist dieser Zeitgenosse 31

Jahre alt und vor allem ledig, was nahe legt die Liebesangel nach ihm auszuwerfen. Wenn ich Glück habe, ist er derzeit solo und wenn nicht, dann empfindet er Treue hoffentlich zumindest als eine Zustandsform der Monotonie.
Am besten ich aktiviere ein paar Domains und gehe ihn mehrgleisig an. Ich bin gespannt, ob und wenn ja, worauf er am ehesten anspringen wird.

Email info@ehe-urban.de an Henrik Jodlinger
Hallo Single,
wir freuen uns Ihnen mitteilen zu können, dass Urban ab heute wieder einen Monat lang für alle männlichen Neumitglieder den kostenlosen *Singlesearch Man* gestartet hat.
Was heißt das für Sie?
Ab sofort können Sie einen Monat lang unsere Kundendatei nutzen und nach Ihrem Traumpartner suchen, und das Ganze für sage und schreibe 0 Cent.
Ist das nicht ein Angebot?
Einzige Voraussetzungen, die Sie hierfür mitbringen müssen: Sie sind männlich und bis heute noch kein Kunde von uns!
Sollte dies auf Sie zutreffen, dann zögern Sie nicht und folgen Sie diesem Link. Beantworten Sie die 10 Fragen nach Aussehen und Interessen Ihrer gewünschten Traumfrau, und Sie erhalten vielleicht schon in Kürze kostenlos die Email-Adresse Ihres zukünftigen Lebenspartners.
Eheinstitut Urban - Wir zimmern Beziehungskisten

Email ursula@willige-stute.de an Henrik Jodlinger
Hallo Süßer,
Interesse an völlig anonymen Sexkontakten?
Natürlich ohne finanzielles Interesse und Gefühl.
Auch in deiner Nähe. (ausgenommen Ruhrgebiet, Schwarzwald und Friesland)
Melde dich!

Email Susi Olnigg an Henrik Jodlinger
Henrik Jodelinger du Schuft!
Wie konntest du mir so etwas antun!!
Gerade an unserem Jahrestag und dann noch mit Uschi!!!
Es ist aus und vorbei!!!!
Susi

Email Henrik Jodlinger an Susi Olnigg
Hi Susi,
Du hast beim Absenden deiner Mail leider einen Fehler gemacht. Anstatt deine Mail an henrik.jodelinger zu senden, hast du ein „E" vergessen und sie an mich (henrik.jodlinger) geschickt. Du musst also leider noch ein zweites Mal Schluss machen. Lass dich nicht runterziehen von dem, was diese Schande von Fastnamensvetter dir auch immer angetan hat. Wenn du mit jemandem darüber quatschen willst, dann melde dich.
Greetz
Henrik „der Wahre" ;-)

Datenbankeinträge Antwortformular Henrik Jodlinger
GesuchtGroesse=Klein
GesuchtKoerperbau=Zierlich
GesuchtHaarfarbe=Blond
GesuchtOberweite=Ueppig
GesuchtSchulbildung=Egal
GesuchtBeruf=Egal
GesuchtHobby=Egal
GesuchtInteresseHeirat=Unwichtig
GesuchtInteresseFreundschaft=Wichtig
GesuchtInteresseSex=SehrWichtig

Tagebucheintrag Olnigg
Wer hätte das gedacht? Gleich zwei von drei möglichen Treffern. Einmal hat mir dieser Naivbolzen die Emailverwechslung abgekauft, und dann hat er mir noch das Emailformular mit den Wunschdaten seiner Traumfrau ausgefüllt. So wie es scheint, ist er also auf dem Gefühlstrip und hat gerade keine Freundin.
Gut, dann wird er bald wieder eine haben. Aber vorerst will ich ihn erst einmal etwas zappeln lassen.

Email info@ehe-urban.de an Henrik Jodlinger
Sehr geehrter Herr Jodlinger,
leider sind die von Ihnen angegebenen Wünsche hinsichtlich Aussehen und Interessen Ihrer Traumfrau zu extravagant und derzeit mit keinem Eintrag in unserer Kundendatei in Verbindung zu bringen. Allerdings startet in einem Monat unsere Aktion *Singlesearch Woman* und vielleicht haben Sie dann durch den zu erwartenden Zustrom an weiblichen Neukunden etwas mehr Glück.

Wir schlagen deshalb vor, dass Sie sich in vier Wochen wieder bei uns melden. Leider wird dann die Aktion *Singlesearch Man* wieder beendet sein, aber der dann von uns erhobene Spesenaufwand wird durch seine lediglich im dreistelligen Eurobereich angesiedelte Höhe sicherlich auch Ihre Zustimmung finden.

Eheinstitut Urban - Wir zimmern Beziehungskisten

Email Susi Olnigg an Henrik Jodlinger

Hallo Henrik,
Danke für deine netten Zeilen, ich musste trotz meiner Traurigkeit sehr über meinen Fehler schmunzeln.
Tut mir Leid dich so in meinen Seelenmüll hineingezogen zu haben, im Moment bin ich so richtig down und will nur meine Ruhe haben. Vielleicht melde ich mich, wenn es mir wieder besser geht.
Grüße
Susi

Tagebucheintrag Olnigg

Alles in allem ist diese erste Kontaktaufnahme recht viel versprechend verlaufen. Da hätten wir einen spielsüchtigen Studenten, der für die Finanzierung seines Hobbys vielleicht auch gerne einmal die Hand auf und die Augen zuhält, dann eine ältere Dame, die ihren augenscheinlich ertragreichen Nebenerwerb so geheim hält wie Volksmusikanten ihr Harmoniegefühl, und nicht zuletzt einen notgeilen Laborchef, der für die Ausgleichung seines Hormonspiegels vielleicht bereit wäre, seine ganze Laboreinrichtung für eine Nacht mit einer stöhnenden Fleischpuppe einzutauschen.

Von den Dreien ist jeder für sich alleine schon verdächtig genug für die gesamten Banküberfälle des Wilden Westen verantwortlich zu sein, und wenn ich mich nur etwas mehr in ihr Vertrauen schleichen kann, dann bin ich mir ziemlich sicher dem alten Schwunterfeld schon sehr bald seinen Strumpfdieb präsentieren zu können.

Ich befürchte nur, dass ich an diesem Auftrag nicht sehr viel Freude haben werde, weil er viel zu schnell und vor allem viel zu einfach abgeschlossen sein wird.

3. Ein Onlinegrab

Tagebucheintrag Olnigg

Nachdem ich mich näher mit dem Thema Onlinespiele beschäftigt habe, weiß ich jetzt, dass dieser Detlef Diehl mit lvl 50 die fünfzigste Erfahrungsstufe einer Spielfigur gemeint hatte. Er akzeptiert anscheinend seine Gesprächspartner nur dann als gleichwertig, wenn sie nicht nur seine Interessen teilen sondern darin auch genauso erfolgreich sind wie er.
Na gut, nichts leichter als das.

Ich habe heute früh das Computerspiel FancyFun gekauft, während dessen Installation das Baumbestand schonende Handbuch gelesen und so wie es den Anschein hat, unterscheidet sich ein Online-Rollenspiel von seinen Offline-Brüdern nur dahingehend, dass es weniger Wert auf Handlung sondern mehr auf Interaktion mit Spielern und Gegnern legt. Man muss hierzu eine Zugangsberechtigung in Form eines Accounts anlegen und schon kann man über das Internet mit Gleichgesinnten in aller Welt spielen.

Da ich von mir in der mir eigenen Bescheidenheit behaupten kann, ein Meister des Offline-Spiels zu sein, so löse ich zum Beispiel bei Solitär garantiert eins von zehn Spielen, dürfte es bei meiner Begabung keinerlei Schwierigkeit sein, die geforderten 50 Ränge in kürzester Zeit zu erklimmen.

Logdatei Onlinespiel FancyFun

Made trifft Olnigg mit 5 Schadenspunkte
Made trifft Olnigg mit 5 Schadenspunkte
Made trifft Olnigg mit 5 Schadenspunkte
Olnigg stirbt
Olnigg neugeboren am Bindeort
Olnigg: Dieses Spiel muss ein sadistischer Menschenhasser erfunden haben. Das war mein zehnter Tod und ich bin immer noch auf der ersten Erfahrungsstufe.
Baegstaeb: Redest du mit dir selbst oder sollte das ein Hilferuf sein?
Olnigg: Dieses Spiel ist doch unlösbar. Diese Killermade verarbeitet mich jedes Mal innerhalb eines Lidschlags zu Dünger.
Baegstaeb: Vielleicht erhöht sich dein Damage, wenn du die Newbie Weapon nicht im Backpack spazieren trägst?
Olnigg: Gibt's diesen Tipp auch übersetzt oder kostet das extra?

Baegstaeb: Du nehmen Waffe in Hand und schon Made machen Abgang.
Olnigg: Hmm...
Olnigg anlegt Trainingsschwert
Olnigg trifft Made mit 7 Schadenspunkte
Made stirbt
Olnigg erhält 10 Erfahrungspunkte
Olnigg: Hey, ich habe mit der Ermordung eines Monsters schon ein Fünftel des ersten Levels geschafft. Da bin ich ja an einem Nachmittag auf Level 50.
Baegstaeb: Hehe. Nicht ganz. Je höher der Level umso mehr Monster musst du plätten, um weiter aufzusteigen.
Olnigg: Und wie viele Monster sind das bis lvl 50?
Baegstaeb: Keine Ahnung, ich habe sie nicht gezählt. Sind aber sehr sehr viele.
Olnigg: Wie lange hast du bis 50 gebraucht?
Baegstaeb: Ingame time?
Olnigg: Natürlich im Spiel! Wann du im richtigen Leben deinen 50. Geburtstag gefeiert hast interessiert höchstens deine Erben.
Baegstaeb: Also reine Ingame-SPIELZEIT waren es um die 350 Stunden und gebraucht habe ich dafür knappe 3 Monate ECHT-ZEIT.
Olnigg: 3 Monate?! Ich glaub mein Prozessor läuft heiß! Geht das denn nicht schneller?
Baegstaeb: Ja. Viele leveln schneller.
Olnigg: Erfahre ich auch wie, oder muss ich erst eine Münze einschmeißen?
Baegstaeb: Ich spiele pro Tag meist nur 4-5 Stunden. Wenn du täglich das Doppelte spielst, dann geht es wesentlich schneller.
Olnigg: Ich soll mehrere Stunden am Tag stumpfsinnig auf diese Dumpfmaden eindreschen? Da stelle ich mir das Einsetzen der Verwesung bei vollem Bewusstsein noch angenehmer vor.
Baegstaeb: Keine Sorge, die späteren Kämpfe werden weit anspruchsvoller, aber ohne eine gute Gruppe wird das Leveln dann noch viel länger dauern.
Olnigg: Gibt es denn keinen anderen Weg schneller zu leveln?
Baegstaeb: Hehe, du kannst ja einem anderen Spieler seinen Character abkaufen.
Olnigg: Gibt es denn niemanden hier im Spiel, der mich auf einen Schlag auf Level 50 heben könnte?
Baegstaeb: Rein theoretisch vielleicht ein GM, aber die machen so etwas grundsätzlich nicht.

Olnigg: Ein Automobilhersteller soll mir beim Aufstieg helfen können? Drückt der mir als Zauberwaffe etwa eine Zündkerze in die Hand?
Baegstaeb: GM steht für Game Master und die helfen, wenn man Probleme hat. Allerdings werden die dir bei deinem Problem sicher nicht weiterhelfen.
Olnigg: Einen GM ruft man per Petition, oder? Das stand zumindest in dem Handbuch.
Baegstaeb: Ja aber glaube mir, der wird dir nicht helfen.
Petition von Olnigg: Ich brauche dringend Hilfe!!!!
Olnigg: Wie lange braucht dieser Spielmeister, bis er sich eingefunden hat?
Baegstaeb: Wenn die viele Anfragen haben, kann das sehr lange dauern. Ich wünsch dir viel Spaß beim Warten. Ich muss jetzt weiter.
Olnigg: Danke für die Hilfe.
Olnigg fragt die Zeit: es ist 10:20:01 Uhr
Olnigg fragt die Zeit: es ist 10:25:55 Uhr
Olnigg fragt die Zeit: es ist 10:32:29 Uhr
Olnigg fragt die Zeit: es ist 10:52:40 Uhr
Olnigg fragt die Zeit: es ist 11:24:39 Uhr
Olnigg fragt die Zeit: es ist 11:58:22 Uhr
Olnigg fragt die Zeit: es ist 12:35:57 Uhr
GM Volli: Hallo. Was ist dein Problem?
Olnigg: Als Erstes, dass meine und deine Vorstellung von dem Zeitrahmen in dem Kundenanfragen zu bearbeiten sind, so weit auseinander klaffen, wie hoffentlich die Schenkel deiner untreuen Freundin während du hier deine Zeit abschläfst.
GM Volli: Wie bitte?
Olnigg: Ich bin angefressen genug, verschwende also jetzt meine kostbare Lebenszeit nicht mit sinnlosem Geschwätz. Ich will einfach, dass du mich auf Level 50 hebst.
GM Volli: Das kann ich nicht machen.
Olnigg: Wie alt bist du?
GM Volli: Wieso willst du das denn wissen?
Olnigg: Ich tippe einmal auf 18-25, vielleicht Schüler oder Student. Wenn Student dann in den ersten Semestern wo man noch weniger Wissen aber umso mehr Alk in seinen Schädel kippt und noch viel Zeit für so sinnlose und unterbezahlte Deppenjobs wie diesen hier hat.
GM Volli: Jetzt mal langsam!

Olnigg: Wahrscheinlich zahlt dir der Softwarehersteller dieser Madenorgie einen solchen Kümmerlohn, dass dein Zuhause aus einer angemieteten Scheune besteht, und sollte die eingangs erwähnte Freundin ihren ansonsten von Touristen heimgesuchten Lustgarten wirklich einmal dir öffnen, dann schätze ich deine finanzielle Liquidität so ein, dass beim Thema Verhütung nicht Kondome sondern Plastiktüten eine Rolle spielen.
GM Volli: Ich glaub du spinnst!
Olnigg: Da könntest du recht haben, denn nur ein Spinner wie ich bietet dir jetzt und sofort sage und schreibe 100 Euro steuerfrei und unter der Hand dafür an, dass du mich auf Level 50 katapultierst.
GM Volli: Ich sagte, das kann ich nicht machen.
Olnigg: Weil dein durch den Missbrauch unzähliger Designerdrogen geschädigtes Herz beim Anblick von so viel Geld abrupt stehen bleiben würde?
GM Volli: Nein, sondern weil ich als GM keine Level erhöhen kann.
Olnigg: Ich denke ihr GMs seid allmächtig?
GM Volli: Nicht bei XP-Zuteilungen.
Olnigg: Ich will kein Betriebssystem erwerben sondern viele Level.
GM Volli: XP steht für Experience, das heißt Erfahrung, ist die Grundlage für Levelerhöhungen, und die kann ich nicht vergeben.
Olnigg: Na dann vergiss meine Anfrage schnell wieder, wenn das dein Gehirn nicht ohnehin schon aufgrund der bei dir offensichtlich stattfindenden unnatürlichen Verdunstung von Gehirnzellen von selbst vorgenommen hat.
GM Volli: Weißt du aber, wozu ich die Macht habe und was ich für dich tun könnte?
Olnigg: Nur heraus mit den kreativen Vorschlägen aus dem einfältigen Körper.
GM Volli: Ich kann dich wegen fortgesetzter Beleidigungen bannen!
Olnigg: Mich ba

Tagebucheintrag Olnigg
So ein machtgeiles Würstchen!
Ich weiß überhaupt nicht was diesen virtuellen Diktator dazu bewogen hat meinen Account zu sperren. Da übt man etwas sachliche Kritik an dem Zeitverhalten seiner Dienstleistung und schon greift diese Mimose zu so fiesen Mitteln und verbannt mich aus seiner Kinderwelt.

Na toll, jetzt kann ich das frisch gekaufte Spiel mitsamt seinem Freimonat in die nächste Mülltonne kicken.
Auf der Verpackung stand noch „Tritt ein in eine Welt voller Abenteuer und Wunder". Und wie ich diese abenteuerliche Wunderwelt gerne eintreten würde.

4. Das Schwein Olnigg

Email Olnigg an Dorothea Raupel
Sehr geehrte Frau von Raupel,
es tut mir Leid, dass ich längere Zeit nichts von mir hören habe lassen, aber unaufschiebbare Termine verhinderten eine zeitigere Kontaktaufnahme. Da ich im Moment keinen Zugriff auf meinen alten Emailbestand habe, weiß ich leider nicht mehr genau, worüber wir uns in der letzten Korrespondenz genau unterhalten haben, und darum wäre es gut, wenn wir gleich miteinander ins Geschäft kommen könnten.
Mit freundlichen Grüßen
Olnigg

Email Dorothea Raupel an Olnigg
Sehr geehrter Herr Olnigg
Schade, dass mein letzter Internetbrief nicht dauerhafter Bestandteil Ihres Erinnerungsvermögens werden konnte, aber selbstverständlich bin ich gleichfalls an der schnellen Abwicklung meiner Geschäfte interessiert. Da Sie sich leider bislang nicht dazu äußerten, welche von meinen kleinen Schätzchen es Ihnen angetan hat, schlage ich vor in einem intimen Internetgespräch die näheren Details abzuklären.
Bis dahin verbleibe ich mit Gruße
Dorothea v. Raupel

Tagbucheintrag Olnigg
Die Situation wird langsam prekär, denn ich weiß immer noch nicht, womit diese Dame handelt. Es wäre mir entschieden lieber gewesen, mit dem unverfänglichen Emailverkehr weiter fortfahren und ihr die Informationen langsam und bedächtig herauslocken zu können. Aber jetzt muss ich im direkten Dialog über etwas reden, wovon ich immer noch nicht weiß, was es ist. Das wird enorm schwierig und ich darf mir keinen Fehler erlauben.
Diese kleine Schätzchen können alles Mögliche sein, von einer Münzsammlung bis hin zur Katzenzucht. Oder vielleicht führt diese Dame auch eine Dienstleistung der ganz anderen Art aus und vermittelt Schätzchen, die sich durch eine mehr horizontal ausgerichtete Tätigkeit auszeichnen.

Chat Olnigg mit Dorothea Raupel

Olnigg: Guten Tag, Frau von Raupel.
Raupel: Seien Sie gegrüßt, werter Herr Olnigg.
Olnigg: Ich freue mich, dass wir uns endlich einmal kennen lernen.
Raupel: Das Wort kennen lernen würde ich in diesem Fall dem Bereich der Übertreibung zuordnen, aber sich mithilfe des Mediums Internet im schriftlichen Zwiegespräch zu unterhalten, vereinfacht unsere kommenden Geschäftsverhandlungen doch erheblich.
Olnigg: Dem kann ich nur zustimmen, Frau von Raupel, zumal diese Verhandlungen für mich von Haus aus nicht einfach sein werden.
Raupel: Keine falsche Scham her, Herr Olnigg. Ich bin gewohnt, dass gerade die Herren der Schöpfung bisweilen Schwierigkeiten haben ihre Wünsche verständlich auszudrücken.
Olnigg: In dieser Beziehung werde ich Sie sicherlich nicht enttäuschen.
Raupel: Was ist denn nun Ihr Begehr? Welche von meinen Schönheiten hat es Ihnen denn angetan?
Olnigg: Ja, schön soll Sie sein, auf jeden Fall.
Raupel: Schön sind sie alle, jede auf ihre Weise. Bevorzugen Sie denn eher das klassische Aussehen oder legen Sie mehr Wert auf einen schlanken Körper?
Olnigg: Schlanker Körper? Aber sicher doch, schlank wäre perfekt.
Raupel: Das ist doch schon einmal eine konkrete Aussage und grenzt die Auswahl erheblich ein.
Olnigg: Erheblich ein? Das hätte ich jetzt nicht gedacht.
Raupel: Welches Alter schwebt Ihnen vor?
Olnigg: Alter? Das ist nicht so wichtig.
Raupel: Aber mein Herr! Das Alter ist der entscheidende Teil bei der Preisfindung, wie soll ich Ihnen denn das Herz erfreuen, wenn ich keine Altersvorgaben besitze?
Olnigg: Na gut, wenn es sein muss. Also, wie wäre es mit 20?
Raupel: 20? Sie scherzen, das bekommen Sie im Bahnhofsviertel an jeder Straßenecke. Ich darf Sie doch bitten meine Tätigkeit etwas ernsthafter zu nehmen.
Olnigg: Na gut, dann also 18?
Raupel: Ich sehe Sie sind der Lernfähigen einer. Natürlich stellt diese Zahl nicht meine unterste Grenze dar. Wenn Sie willens und fähig sind die finanziellen Mittel für etwas ganz Außergewöhnliches aufzuwenden, dann wäre ich durchaus in der Lage weit schwierigere Anforderungen zu erfüllen.

Olnigg: 17?
Raupel: Langsam beginnen Sie meine wahren Fähigkeiten zu begreifen.
Olnigg: 16?
Raupel: Das wird Sie ein kleines Vermögen kosten. Allerdings sollten wir uns in diesem Falle zuallererst über das Aussehen unterhalten. Sie haben sicherlich Verständnis dafür, wenn bei so selten gestreuter Grazie die Auswahl bei weitem nicht mehr so reichhaltig ist. Welche Farbe wird denn Ihrerseits bevorzugt?
Olnigg: Das ist mir egal.
Raupel: Jeder Mensch hat seine Vorlieben. Äußern Sie doch einfach spontan den Gedanken, der Ihnen gerade durch den Kopf schwebt.
Olnigg: Ich weiß nicht.
Raupel: Nur zu, zeigen Sie Mut.
Olnigg: Blond.
Raupel: Blond?
Olnigg: Macht das Schwierigkeiten?
Raupel: In gewisser Hinsicht verblüfft es mich ein wenig, aber wenn ich mir das Gesprächsprotokoll der letzten Minuten zu Gemüte führe, beginne ich langsam in das Lager der Erkenntnis zu wechseln.
Olnigg: Okay, brünett ginge zur Not auch noch.
Raupel: Sie wollen eine blonde Vase aus dem 16.Jahrhundert?!?!
Olnigg: Ja, natürlich ja, Vase! Das passt.
Raupel: WISSEN SIE WAS ICH GLAUBE WAS SIE WIRKLICH WOLLTEN SIE PERVERSES SCHWEIN?
Olnigg: Ich ahne was kommt.
Raupel: DIESER VERSAUTE INTERNETSUMPF MIT SEINEN ABARTIGEN MÄNNERHIRNEN. ICH HÄTTE GUTE LUST IHR GEMÄCHT IN DIE KLEINSTE VASE DER WELT ZU STOPFEN UND DANN UNWIEDERBRINGLICHER ALS DAS LEGENDÄRE ATLANTIS IM OZEAN ZU VERSENKEN!!!!
Olnigg: Das muss ein Missverständnis sein.
Olnigg: Hallo?
Olnigg: Hallooooo?

Tagbucheintrag Olnigg

Dies jetzt als einen kleinen Rückschlag in der Vertrauensfindung zu bezeichnen dürfte die Untertreibung des Jahres sein.
Oh Mann, da werde ich mir etwas sehr Gutes einfallen lassen müssen, um noch in diesem Leben wieder Kontakt mit der Raupel

aufnehmen zu können. Verdammt, wieso habe ich Optimist denn nicht unter einem Pseudonym gearbeitet? Wie heißt es in einem alten Sprichwort so einfältig einfach? Ein Rückschlag ist die Chance Geleistetes noch besser zu gestalten. Scheint so als hätte ich hier die Chance meines Lebens.

5. Erste Triebe

Tagebucheintrag Olnigg

Es ist Zeit die zarten Bande zwischen Freund Henrik und mir etwas fester zu knüpfen, und wie ich vermute gehört mein zukünftiger Verehrer zu der Sorte Individuum, das im Bereich der Begattungsvorbereitungen alle Handlungsvollmacht den Hormonen überträgt. Also sollte ich Susi die hierzu passenden Standardattribute verpassen. Die Adjektive naiv und willig dürften genügen.

Email Susi Olnigg an Henrik Jodlinger

Hallo Henrik,
Ich wollte mich noch einmal bei dir für deine große Hilfe von damals bedanken. Mir geht es jetzt wieder viel besser und über die Trennung von meinem Freund bin ich so gut wie weg.
Grüße
Susi

Email Henrik Jodlinger an Susi Olnigg

Hi Susi,
es freut mich von dir zu hören. Schön, wenn es dir wieder besser geht und wenn ich dir helfen konnte. Obwohl ich nicht weiß, wie ich das groß gemacht haben soll.
Wie geht es dir denn sonst so?
Greetz
Henrik

Email Susi Olnigg an Henrik Jodlinger

Hallo Henrik,
Wie du mir geholfen hast? Na, ohne deinen Hinweis du seist der falsche Henrik mit dem ich Schluss machen wollte, hätte ich doch nicht mit dem richtigen Schluss machen können und dann wäre ich heute immer noch mit dem Mistkerl zusammen.
Sonst geht es mir wieder gut und ich gehe jetzt wieder öfters aus um neue Leute kennen zu lernen
Erzähl doch ein bisschen von dir. Was arbeitest du so? Hast du eine Freundin oder bist du wie ich ganz allein auf der Welt?
Grüße
Susi

Email Henrik Jodlinger an Susi Olnigg
Hi Susi,
Dein Witz mit dem Helfen beim Schlussmachen war gut.
Du willst mehr über mich wissen?
Mir geht es gut. Ich bin gerade solo und ich arbeite bei einem Unternehmen der Modebranche in der Entwicklungsabteilung.
Sonst gibt es eigentlich nicht viel über mich zu sagen.
Greetz
Henrik

Email Susi Olnigg an Henrik Jodlinger
Lieber Henrik,
Leider weiß ich nicht, welchen Witz du meinst, aber ich lache auch gerne. Du scheinst mir ein sehr lustiger Kerl zu sein und ich finde es schön wie gewählt du dich ausdrücken kannst.
Hättest du Lust dich einmal abends über das Internet ein bisschen länger mit mir zu unterhalten?
Das fände ich prima.
Grüße Susi

Chat Susi Olnigg mit Henrik Jodlinger
Susi: Hallo bist du da?
Henrik: Ja.
Susi: Wartest du schon lange?
Henrik: Nein, ich habe den Chat erst vor einer knappen Stunde eingerichtet.
Susi: Wie wär's denn, wenn wir uns erst einmal beschreiben, damit wir uns besser vorstellen können, wie der andere so aussieht.
Henrik: Gute Idee.
Susi: Fang du an.
Henrik: Also ich bin groß, allerdings auch nicht zu groß, also mehr mittelgroß, habe braune Augen und sehe sonst ganz normal aus.
Susi: Treibst du Sport?
Henrik: Nicht im Verein, aber im Sommer fahre ich mit dem Fahrrad in den Biergarten und beim Fußball sehe ich ganz gerne zu. Und du, wie siehst du so aus?
Susi: Ich bin 19 Jahre alt, bin klein und recht zierlich, und habe lange blonde Haare, die mir fast bis an meinen Po reichen.
Henrik: Wow, was für ein Zufall, das klingt ja fast, so als ob du meine Traumfrau wärst.

Susi: Ich hoffe du bist keiner von den Typen, die bei einer Frau nur auf das Äußere achten und nicht wollen, wenn wir sehr schlau sind.
Henrik: Nein selbstverständlich nicht, ich schätze intelligente Frauen sehr.
Susi: Was tust du denn in deiner Modefirma so?
Henrik: Ich bin in der Entwicklungsabteilung tätig.
Susi: Ich hatte mal einen Freund der hat auch in einem Fotolabor gearbeitet hat. Der war mir aber zu unterbelichtet.
Henrik: Nein, das wo ich arbeite ist ein Forschungslabor. Wir entwickeln und testen Kleidung und Stoffe, die später auf den Markt kommen sollen.
Susi: Dann hast du es ja täglich bestimmt mit vielen schönen Kleidern zu tun.
Henrik: Ja, ab und zu ist das ein oder andere Schmuckstück schon dabei.
Susi: Wie aufregend, mein letzter Freund, der Henrik, hatte einen sehr langweiligen Beruf. Der hat immer nur Fehler beseitigt.
Henrik: War er Lehrer?
Susi: Nein er war bei der Putzkolonne einer Spielzeugfabrik und hat nachts den Ausschuss einsammeln und wegschmeißen müssen.
Henrik: Wie war denn dein Freund so?
Susi: Der Schuft hat es mit jeder Frau getrieben, die er kriegen konnte. Der hat eh immer nur Sex im Kopf gehabt.
Henrik: Soso. Du magst keinen Sex?
Susi: Oh, doch und wie. Aber für Henrik war das schon alles im Leben.
Henrik: Ich verstehe.
Susi: Ich meine, ich bin doch mehr als ein Lustobjekt, das sich dreimal am Tag besteigen lässt. Ich mach das ja auch gern, meinetwegen sogar täglich, und ich finde es auch spannend ungewöhnliche Dinge zu tun, allerdings sollte mein Freund dann auch mir ab und zu einen Liebesbeweis geben.
Henrik: Ja, da hast du vollkommen Recht.
Susi: Weißt du, ich hatte früher einmal Ballettunterricht und der Henrik fand es immer toll, wenn wir was Neues ausprobierten oder was ganz Schmutziges machten, aber wenn ich ihn dann einmal gebeten habe den Müll rauszutragen oder die Socken zu wechseln, dann war er dazu nicht mehr fähig.
Henrik: Was waren denn das so für schmutzige Sachen?

Susi: Na halt der normale Küchenabfall, aber wozu willst du das denn wissen?
Henrik: Nein, ich meine was wollte denn der Henrik so von dir?
Susi: Wollen ist das richtige Wort, denn meistens habe ich mich verweigert. Die leidenschaftlichen Dinge werde ich erst mit einem Mann tun, der etwas Außergewöhnliches für mich tut. Ein echter Mann der zeigt, dass er mich als Ganzes liebt und nicht nur meine zarten aber bestimmenden Hände, oder meinen großen Mund mit der weichen Zunge oder meine festen Brüste mit den abstehenden Nippeln. Oder liege ich da falsch?
Henrik: Oho. Ich meine nein, da liegst du mehr als völlig richtig.
Susi: Du wärst da glaub ich ganz anders. Wenn ich von dir was Verrücktes verlangen würde, dann würdest du das glaube ich tun. Du bist bestimmt nicht so wie Henrik.
Henrik: Nein, ich bin bestimmt nicht Henrik.
Susi: Obwohl, wahrscheinlich sagst du das nur so. Vielleicht seid ihr Henriks alle gleich.
Henrik: Ich würde es dir sofort beweisen, wenn ich es könnte, wenn du verstehst was ich meine?
Susi: Das ist eine tolle Idee von dir. Wenn du wirklich etwas Verrücktes für mich tun würdest, dann wäre ich im Stande und würde auch sofort etwas Verrücktes für dich tun.
Henrik: Sag was soll ich tun?
Susi: Na eben etwas Verrücktes, etwas was ich heiß und aufregend finden würde. Vielleicht wenn du etwas Verbotenes für mich tun würdest.
Henrik: Soll ich Henrik für dich erwürgen?
Susi: Nein, das wäre nicht verrückt sondern sehr vernünftig. Schenk mir doch etwas Gestohlenes oder etwas Geheimes oder am besten etwas, was gestohlen und geheim ist.
Henrik: Wo soll ich denn so etwas herbekommen?
Susi: Na du arbeitest doch in einem Modelabor. Lass dir was einfallen.
Henrik: Ein Reagenzglas?
Susi: Das ist mir nicht verrückt und heiß genug.
Henrik: Einen Bunsenbrenner?
Susi: Nein, auf Sado-Maso steh ich nicht so. Schmuggel doch irgendetwas raus, was ich anziehen kann. Etwas was es noch nicht zu kaufen gibt und bei dem ich die einzige Frau auf der Welt wäre, die so etwas tragen würde. Das fände ich geil. Würdest du das für mich tun?

Henrik: Also ich weiß nicht, wenn das mein Chef erfährt, fliege ich umgehend raus.
Susi: Stell dir vor ich hätte etwas angezogen, was keine andere Frau auf dieser Welt tragen würde. Vor allem stell dir vor, ich hätte nur das an, was du für mich geraubt hat und sonst nichts, das wär doch heiß oder?
Henrik: Ich schau mal, was ich tun kann, aber ich kann's dir nicht versprechen.
Susi: Du kannst es dir ja noch einmal in aller Ruhe überlegen. Ich muss jetzt leider Schluss machen, da ich morgen früh aufstehen und zum Arzt muss.
Henrik: Soso. Ich muss morgen auch früh zur Arbeit. Ich hoffe du bist nicht ernsthaft krank?
Susi: Nein, ich bin kerngesund. Ich bekomme nur wegen meinem Rücken regelmäßig Massagen. Das dient dazu die Rückenmuskulatur zu stärken.
Henrik: Wieso, was ist denn nicht in Ordnung mit deinem Rücken?
Susi: Das ist mir etwas zu peinlich darüber zu reden.
Henrik: Sag schon, wir kennen uns doch inzwischen sehr gut.
Susi: Na gut, aber erzähl es bitte nicht weiter.
Henrik: Großes Internetehrenwort.
Susi: Ich habe große Brüste, sehr große Brüste sogar, und diese Bösen ziehen so nach vorn, dass ich hinten für reichlich Gegenkraft sorgen muss und dazu brauche ich einen starken Rücken. So hat es mir zumindest mein Arzt erklärt.
Henrik: Oho.
Susi: Also dann bis morgen.
Henrik: Weißt du was, ich hab's mir jetzt schon überlegt, ich tue dir den Gefallen und klau dir etwas aus dem Labor.
Susi: Wirklich? Toll! So etwas Mutiges hat noch nie jemand für mich getan. Ich freu mich riesig drauf und ich lass mir auch ganz was Tolles einfallen, wie ich mich bei dir bedanken kann.
Henrik: Oho, und wie ich mich erst darauf freue.
Susi: Also mach's gut mein lieber Henrik.
Henrik: Greetz.

Tagebucheintrag Olnigg

Na das war aber sehr einfach. Auf meinen Wunsch hätte der sogar einen Knoten in seinen Schniedel gemacht und mir ein Foto davon zugesandt. Würde man mich auffordern nur auf Grundlage des letzten Chats den Intelligenzquotienten dieses männlichen

Balzbolzens zu bestimmen, dann würde ich sicherlich nicht mehr als zwei Ziffern hierfür benötigen. Wenn dieser potenzielle Triebtäter mir jetzt wirklich einen Gegenstand aus der Entwicklungsabteilung klaut, dann habe ich so gut wie gewonnen. Es kann natürlich auch sein, dass er meine kleine Susi für sehr blöd hält und ihr einfach einen handelsüblichen Nylonstrumpf als New Fashion verkaufen will. Also erstmal abwarten, was mir dieser mutige Hoden mitgehen lässt, vielleicht ist es am Ende nur das Vierlagige aus dem Sanitärbereich der Forschungsabteilung.

6. Kampf mit Online

Tagebucheintrag Olnigg

Nachdem ich nun endlich wieder ein Erfolgserlebnis gehabt habe, wird es Zeit bei Projekt FancyFun Plan B einzuleiten. Die dahingesagte Idee von diesem einen Online-Freak einen fertigen Character zu kaufen war keine von den Schlechten. Nach einigem Stöbern auf einschlägigen Internetseiten hatte ich am Ende reichlich Angebote für hochgelevelte Spielfiguren gefunden. Das hat mich zwar ein paar Scheinchen gekostet, aber Schwunterfelds Anzahlung deckt das locker ab zumal ich auch den Billigsten aller 50er genommen habe.

Logdatei Onlinespiel FancyFun

KillerJoe: Hallo ist da wer?
Baegstaeb: Jau.
KillerJoe: Na das ist ein Zufall. Du schon wieder?
Baegstaeb: Kennen wir uns?
KillerJoe: Ja, ich bin's doch, wir hatten vor kurzem das Vergnügen.
Baegstaeb: Kann mich nicht daran erinnern.
KillerJoe: Mein Gott ihr Spieler verfügt nicht gerade über ein leistungsstarkes Erinnerungsvermögen. Aber kein Wunder, wenn man 350 Stunden lang nur Maden und Obermaden geschlachtet hat.
Baegstaeb: Langsam beunruhigst du mich.
KillerJoe: Keine Sorge. Sag mal, was muss ich denn in diesem binären Irrenhaus tun, um herauszufinden, ob jemand Bestimmtes online ist?
Baegstaeb: Willst du mich verarschen?
KillerJoe: Entschuldigung, aber ich habe dir ganz höflich eine sehr einfache Frage gestellt und wüsste nicht, was daran beleidigend gewesen sein sollte.
Baegstaeb: Du bist ein 50er Paladin und kennst den Tell-Befehl nicht?
KillerJoe: Sieht doch schick aus, oder? So eine Highlevel-Kampfmaschine macht schon was her und er hat ne Menge mehr Hautplatten als mein letzter Fehlversuch.
Baegstaeb: Hautplatten?
KillerJoe: Zuerst hatte ich nur 14 davon, aber jetzt sind es schon über 4000.
Baegstaeb: Sagt dir der Begriff Hit Points etwas?

KillerJoe: Entschuldigung, aber ich will mich jetzt nicht mit dir über Musikcharts unterhalten sondern mit einem bestimmten Spieler Kontakt aufnehmen.

Baegstaeb: Vielleicht hättest du zusätzlich zu deinem Character auch gleich jemanden kaufen sollen der dir das Online Manual vorliest?

KillerJoe: Woher will der Umlaut freie Herr denn wissen, dass ich KillerJoe gekauft habe?

Baegstaeb: Hehe, vielleicht weil man ihn dir mit einem verrosteten Dolch und einer Stoffrüstung angedreht hat?

KillerJoe: Man sollte das Äußere eines Menschen niemals überbewerten, aber lass mich doch in Ruhe. Ich rufe jetzt einen GM, der wird mir schon helfen.

Baegstaeb: Gute Idee.

Petition von KillerJoe: Ich brauche mehr als dringend Hilfe!!!!!!!

KillerJoe: Die Petition ist raus.

Baegstaeb: Ich meinte mit guter Idee dich in Ruhe zu lassen und nicht die Petition. Ich traf letztens schon einmal so einen Volltrottel, der wurde seitdem nie mehr gesehen.

KillerJoe: Wozu sind denn diese GMs sonst da?

Baegstaeb: Ich glaub es einfach nicht. Viel Spaß noch, oder auch nicht.

KillerJoe fragt die Zeit: es ist 14:51:01 Uhr
KillerJoe fragt die Zeit: es ist 15:21:11 Uhr
KillerJoe fragt die Zeit: es ist 16:04:34 Uhr

GM Dolb: Hallo. Wie kann ich dir helfen?

KillerJoe: Kann man eigentlich immer die Wohnung streichen, während man auf einen GM wartet?

GM Dolb: Du hast mich hoffentlich nicht gerufen, weil ich dir beim Streichen behilflich sein soll :-)

KillerJoe: Na wundervoll, träge wie eine Ladung Blei und lustig wie eine Hinrichtung, wenn dein echter Name mal nicht Lachsack ist.

GM Dolb: Du wirst doch Spaß verstehen?

KillerJoe: Nicht, wenn ich dafür ein eigenes Wörterbuch brauche. Aber anstatt meinen Brechmuskel herauszufordern, verrate mir lieber, wie ich hier jemanden eine Nachricht zukommen lassen kann!

GM Dolb: Gib /tell dann den Namen und danach die Nachricht ein

Nachricht von KillerJoe an Detlef: Diehl Hallo ich bin es, Olnigg aus der Firma. Es würde mich freuen, wenn wir jetzt endlich ins Gespräch kommen könnten. Ich habe inzwischen auch deine Kontaktbedingungen erfüllt und bin 50 Level alt.

Systemmeldung: Detlef ist nicht online. Sende deine Nachricht zu einem anderen Zeitpunkt noch einmal.
KillerJoe: Ja ist denn euer Source Code in einer Behindertenwerkstatt erstellt worden? Ich schreib mir hier einen Wolf und dann wird die Nachricht nicht einmal zwischengespeichert!
GM Dolb: Würde mich auch wundern, wenn jetzt noch jemand online wäre, da in wenigen Minuten die Server heruntergefahren werden.
KillerJoe: Wieso werden die Server heruntergefahren? Heißt das, ich muss dann aus dem Spiel raus?
GM Dolb: Ja, aber in 5 Stunden kannst du dich wieder einloggen.
KillerJoe: 5 Stunden Wartezeit? Was geschieht denn in der Zwischenzeit? Werden die Computer auseinander genommen und sandgestrahlt?
GM Dolb: Nein heute gibt es lediglich ein paar Updates.
KillerJoe: Wenn das wieder einer deiner verunglückten Scherze ist, dann solltest du deine Real Life Adresse tunlichst vor mir verheimlichen.
GM Dolb: Beruhig dich, das ist doch kein Grund wüste Drohungen auszustoßen.
KillerJoe: Beruhigen? Zuerst schlägst du mit deiner Reaktionszeit jedes Steindenkmal an Trägheit und dann erklärst du mir, dass eure Systemadministratoren für das Aufspielen eines simplen Updates einen halben Tag brauchen. Könnte es sein, dass euer aller Eltern Rückenpanzer tragen und in einem Terrarium beheimatet sind?
GM Dolb: Sei vorsichtig, was du sagst! Ich spreche dir für deine Beleidigungen jetzt eine Ermahnung aus. Noch ein weiteres falsches Wort und du musst die Konsequenzen tragen.
KillerJoe: Welche Konsequenzen denn? Platzen dir dann deine beiden Lachsäcke?

Tagebucheintrag Olnigg

Habe keine große Lust jetzt viel zu schreiben.
In Kurzform: Der zweite Account ist flöten und es stellt sich die Frage, wie dumm ein Mensch gestrickt sein muss, um an so etwas Schwachsinnigen und vor allem Kostenintensiven wie einem Onlinespiel Gefallen zu finden.

7. Baron Winterhaus

Tagebucheintrag Olnigg

Dann will ich heute einmal das Unmögliche probieren: Die Frau Gräfin dazu zu bringen wieder ein paar Worte mit mir zu wechseln. Bei meinen derzeitigen minimalen Fortschritten in den Ermittlungsarbeiten würde ich jede Email von ihr die weniger als 100 Schimpfwörter enthält bereits als sichtbaren Erfolg werten. Ohne Frage Zeit für die Anmeldung einer neuen Domain.

Email huber@ihre-polizei.de an Dorothea Raupel

Sehr geehrte Frau von Raupel,
ich bedanke mich herzlich für Ihre, wenn auch unfreiwillige, Mitarbeit. So wurden Sie im Rahmen des groß angelegten Feldversuches VF-25, der einer Erforschung der allgemeinen Bereitschaftshaltung der Bevölkerung zur aktiven Verbrechensvorbeugung diente, in den letzten Tagen von einem meiner Mitarbeiter kontaktiert. Sie glänzten hierbei durch vorbildliche gesetzestreue Handlungsweise, die Ihrer staatsbürgerlichen Pflichterfüllung über das Soll hinaus gerecht wurde. Ich darf Ihnen hierzu, auch im Namen meines Ermittlers, Herrn Olnigg, herzlich gratulieren. Wären nur alle Mitbürger in Ihrem Handeln so konsequent wie Sie.
Vielen Dank
Oberinspektor H. Huber
Kommissariat Öffentlichkeitsarbeit

Email Olnigg an Dorothea Raupel

Sehr geehrte Frau von Raupel,
ich nehme an, zwischenzeitlich wird mein Vorgesetzter Herr Huber mit Ihnen Kontakt aufgenommen haben. Ich möchte mich ebenfalls, nicht zuletzt im Namen meiner Dienststelle, bei Ihnen für Ihre Mitarbeit bedanken. Ich hoffe Sie nehmen mir meine Schauspielerei nicht übel, aber eine gute Sache rechtfertigt meines Erachtens auch ein ungewöhnliches Vorgehen.
Ich fände es persönlich sehr angenehm, wenn wir unseren Emailkontakt über das Ende meiner beruflich Dienstpflicht hinaus fortsetzen könnten.
Mit freundlichen Grüßen
Olnigg

Email Dorothea Raupel an Olnigg

Sehr geehrter Herr Olnigg
Wie könnte ich Ihnen ob dieser hehren Mission im Auftrag der Staatsmacht böse sein. Selbstverständlich zürne ich Ihnen nicht im Geringsten und ich wäre ebenfalls einer Festigung unseres Privatkontaktes sehr zugetan.
Vielleicht möge mein Temperament ein wenig zu aufdringlich erscheinen, aber käme es Ihnen gelegen, uns in sehr kurzfristiger Ausführung gleich heute Abend in einem privaten Internetgespräch zu treffen? Auf meiner Seele lastet Ihnen gegenüber noch ein schlechtes Gewissen, welches abzubauen mir ein dringliches Anliegen wäre.
In Erwartung unserer abendlichen Zusammenkunft
verbleibe ich mit Gruße
Dorothea v. Raupel

Tagebucheintrag Olnigg

Ich bin wieder im Rennen!
Scheint so, dass mit zunehmendem Alter nicht nur Reaktionsvermögen und Körperkraft sondern auch Realitätssinn und Skepsis nachlassen. Was könnte es Besseres geben als eine Raupel mit schlechten Gewissen, das wird heute Abend ein Heimspiel erster Güte.

Chat Olnigg mit Dorothea Raupel

Olnigg: Guten Abend Frau von Raupel.
Raupel: Seien Sie gegrüßt, werter Herr Olnigg.
Olnigg: Es freut mich, dass sie nicht nachtragend sind und mir meine verdeckte Ermittlungstätigkeit nachsehen können. Ich bedaure den Missbrauch Ihres Vertrauens zutiefst.
Raupel: Wissen Sie, werter Herr Olnigg, ich glaube Ihnen kein Wort.
Olnigg: Aber glauben Sie mir doch Gnädigste, es tut mir ehrlich Leid.
Raupel: Sie missverstehen mich und meine Worte. Ihre Reue mag bis zu einem gewissen Grade der Echtheit entspringen, aber Sie sind genauso viel ein verdeckter Ermittler wie Baron Winterhaus ein guter Reiter ist.
Olnigg: Ist Herr Baron Winterhaus denn kein guter Reiter?
Raupel: Er wiegt mehr als sein Pferd.

Olnigg: Aber das überrascht mich jetzt etwas. Sie kündigten doch an, ihr schlechtes Gewissen abbauen zu wollen.
Raupel: Hierbei handelte es sich um eine inhaltslose Floskel, die lediglich dazu gedacht war, eine beschleunigte Kontaktaufnahme zu gewährleisten. Aber lassen Sie mich einen Test durchführen.
Olnigg: Gerne. Jeden den Sie wollen, und an dessen Ende wird nicht nur meine Ehrlichkeit sondern auch Ihre Entschuldigung stehen.
Raupel: Welchen Vornamen trägt Ihr Vorgesetzter?
Raupel: Ich warte geduldigst und harre Ihrer Antwort.
Raupel: Könnte es sein, dass Sie zwischenzeitlich die Nachricht suchen, die Sie unter fremden Namen an mich geschickt haben.
Olnigg: H.
Raupel: Er heißt H mit Vornamen? Dieser Vorname dünkt mir nicht nur sehr der Kürze sondern auch der Seltenheit zugetan zu sein.
Olnigg: Hans heißt er natürlich.
Raupel: Lassen Sie mich vor meinem entscheidenden Urteil noch eine weitere Frage stellen, aber nehmen Sie dieses Mal für ihre Antwort bitte nicht mehr so viel Zeit in Anspruch.
Olnigg: Keine Sorge, jetzt nicht mehr.
Raupel: Wie lautete die genaue Bezeichnung des Feldversuches ihrer Dienststelle?
Olnigg: VF-25.
Raupel: Es tut mir herzlichst Leid, aber Sie täuschen sich. Mir teilte Herr Huber die Zeichenfolge VF-26 mit.
Olnigg: Nein, es war 25.
Raupel: Dann bedürfen Ihre Augen der Reinigung, ich habe die Nachricht hier vor mir liegen und da steht in aller Deutlichkeit 26.
Olnigg: Ist die Maßeinheit ihrer Sehhilfe Dioptrie oder Meter? Ich lese auf der Email von Herrn Huber ganz klar eine 25.
Raupel: Sie haben die Nachricht, die Ihr Vorgesetzter an mich versendet hat, vor sich liegen?
Raupel: Herr Olnigg?
Raupel: Und wenn ich Ihnen nun abschließend sage, dass ich nach kurzer Rücksprache mit dem Polizeipräsidenten Herrn Dr. Heberstett in Erfahrung gebracht habe, dass es derzeit überhaupt keinen Feldversuch gibt, bestünde dann die Aussicht, dass Sie endlich Ihre Sprache wieder finden.
Olnigg: Ganz schön dick dieser Baron Winterhaus.
Raupel: Es gehen Gerüchte um, seine Pferde würden neuerdings in der Dackelzucht Verwendung finden.

Olnigg: Ich vermute, jetzt wollen Sie von mir die Wahrheit hören?
Raupel: Das wäre darüber hinaus ein vollkommen neuer Wesenszug an Ihnen.
Olnigg: Und wenn es mir peinlich wäre mit Ihnen darüber zu reden?
Raupel: Peinlicher als in einem Vernehmungszimmer einer Polizeibehörde zu sitzen?
Olnigg: Also gut, in Wahrheit geht es um einen Adelstitel.
Raupel: Einen Adelstitel?
Olnigg: Ich hatte gehofft, dass Sie mir mit Ihren Verbindungen in die allerhöchsten Adelshäuser irgendwie helfen könnten, einen Adelstitel zu erlangen. Sei es durch Bezahlung, Einheiratung oder Adoption.
Raupel: Was glauben Sie? Könnte man glauben Baron Winterhaus wäre ein guter Drachenflieger?
Olnigg: Mit einem Vulkanausbruch als Auftriebshilfe ganz sicher.
Raupel: Eher würde der Vulkan zur Verstopfung neigen.
Olnigg: Ich habe ein Bild von Ihnen gesehen und habe seitdem erotische Träume.
Raupel: Als Fallschirmspringer dürfte der Baron völlig neue Akzente im beschleunigten Aushub von Tiefbauschächten setzen.
Olnigg: Ich vermute eine Ölquelle unter Ihrem Grundstück.
Raupel: Der Baron als Wellenreiter und Gezeitenumkehrer?
Olnigg: Strümpfe.
Raupel: Strümpfe?
Olnigg: Es geht um Strümpfe.
Raupel: Was habe ich mit Strümpfen zu tun?
Olnigg: Sie sind als Sekretärin in einem Labor tätig, das völlig neuartige Strümpfe entwickelt hat.
Raupel: Ich bin gelinde und in aller Kürze gesagt, überrascht. Damit hätte ich niemals gerechnet, obwohl ich bereits zu Anfang einen diesbezüglichen Verdacht hatte.
Olnigg: Ja?
Raupel: Als Frau hat man es im Gefühl, wenn ein Mann Ungewöhnliches will, und dieses Gefühl hatte ich bei Ihnen von Anfang an.
Olnigg: Und? Können Sie mir helfen?
Raupel: Ich gehe einmal davon aus, dass Sie sich Ihre Perversität einiges kosten lassen würden?
Olnigg: Wieso bin ich denn schon wieder pervers?

Raupel: Sie wollen mir doch nicht den gewaltigen Bären aufbinden und erzählen, Sie bräuchten die Strümpfe für wissenschaftliche Untersuchungen?
Olnigg: Nicht?
Raupel: Stehen Sie doch wenigstens offen dazu, dass Sie das Anziehen von weiblicher Wäsche als erregend empfinden.
Olnigg: In meiner jetzigen Situation streite ich überhaupt nichts mehr ab.
Raupel: Wie umfangreich ist denn Ihre bisherige Strumpfsammlung?
Olnigg: Ich versprach die Wahrheit zu sprechen, und ich glaube die Wahrheit würde Ihnen in diesem Falle nicht gefallen.
Raupel: Und weil die neu entwickelte Strumpfbekleidung eines Labors für Sie unerreichbar weit jenseits des Greifbaren liegt, ist sie umso begehrenswerter für Sie?
Olnigg: Werden Sie mir nun den Gefallen tun?
Raupel: Vergessen Sie diesen Gedanken. Das wäre ja ekelhaft für so einen Strumpffetischisten wie Sie es sind die Loyalität zu meinem Arbeitgeber aufzugeben.
Olnigg: Auch nicht für viel Geld?
Raupel: Ich will kein Wort mehr über diese Art von Abartigkeit verlieren und wir sind meines Erachtens am Ende unseres Gespräches angelangt.
Olnigg: Ich bin von Ihrer Integrität beeindruckt.
Raupel: Keine Sorge, ich werde niemandem von Ihrer menschlichen Unzulänglichkeit erzählen.
Olnigg: Auch nicht Herrn Dr. Heberstett?
Raupel: Warum sollte ich meinem Hausarzt davon erzählen?
Olnigg: Hausarzt?
Raupel: Wenn Baron Winterhaus ein Astronaut wäre, dann hätte die Erde zwei Monde.
Olnigg: Hinweis verstanden.
Raupel: Dann kann ich mir gottseidank um meines Seelenheils willen weitere Erklärungen sparen.
Olnigg: Apropos Sparen, hätten Sie wenigsten einen Sparstrumpf für mich?
Olnigg: Hallo?
Olnigg: Hallooooo?

Tagebucheintrag Olnigg
Diese Dialoge mit Frau von Raupel entwickeln sich zunehmend in eine immer bizarrer werdende Richtung und offensichtlich wird

man in adligen Kreisen weiterhin der festen Überzeugung sein, dass das von Olnigg repräsentierte niedere Volk in seiner sexuellen Ausrichtung eher von der individuelleren Sorte ist. Wenn ich auch mit dem Gesprächsverlauf an sich recht unzufrieden bin, so zählt das Ergebnis. Die Gräfin dürfte als Täterin nahezu ausscheiden. Hätte Sie wirklich so große finanzielle Probleme, dann wäre das einfache Entwenden einer einzelnen Socke die Chance auf schnelles Geld gewesen, zumal Sie bei einem potenziellen Lüstling wie mir von Verschwiegenheit auf Lebenszeit hätte ausgehen können. Es kann natürlich sein, dass sie am Ende meine wahre Motive durchschaut hat und eine Falle vermutete, jedoch würde so etwas außergewöhnliches wie Firmenspionage sehr im Gegensatz zu dem bisherigen Auftreten dieser aristokratischen Dame stehen. Ihr würde ich eher einen eleganten Versicherungsbetrug oder gezielten Ehegattenmord zutrauen, aber in Sachen Diebstahl ist Frau von Raupel sicher so unschuldig, wie die einzige Betätigung von Baron Winterhaus der 24-stündige Aufenthalt in seinem Lieblingsrestaurant sein muss.

8. Zappenduster

Tagebucheintrag Olnigg

Heute starte ich meinen dritten Versuch in FancyFun Fuß zu fassen und ich hoffe endlich Kontakt mit Detlef Diehl aufnehmen zu können.
In der Zwischenzeit habe ich mir wesentlich mehr Hintergrundwissen über diese seltsame Art von Computerspiel angeeignet. Zudem werde ich jetzt immer eine Art Lexikon mit den gängigsten Internet-Redewendungen griffbereit neben mir liegen haben, welches mir bei der Kontaktaufnahme mit den Online-Eingeborenen hoffentlich sehr hilfreich sein wird.
Bei meinem aktuellen Besuch im Onlineladen, Spielfiguren nennt man in Rollenspielen übrigens auch Charactere oder Avatare, und so sollte ich also besser sagen, beim Avatarhändler meines Vertrauens habe ich mir einen Zauberer geleistet. Natürlich ist der wiederum Level 50, jedoch im Gegensatz zu meinem letzten Einkauf schon wesentlich besser ausgerüstet, damit ich mich nicht gleich auf den ersten Blick als Spielanfänger verrate. Laut Verkäufer kennt mein neuer Avatar zumindest alle wissenswerten Angriffszaubersprüche, hat höchstes Mana-Potenzial, wobei Mana laut Lexikon eine imaginäre Energiezutat ist, die man zum Zaubern braucht, und auf vehementes Nachfragen meinerseits wurde mir ebenso versichert, dass regelmäßig alle notwendigen Inspektionen durchgeführt worden sind.
Auch habe ich mir fest vorgenommen, dieses Mal das Spiel ohne Accountsperre zu beenden, und wenn mich ein GM noch so aufregt, werde ich mich auf keinen Fall zu irgendeiner Form der Beleidigung hinreißen lassen. Das bin ich nicht nur meiner Professionalität als Online-Ermittler schuldig, sondern auch dem langsam aber stetig schrumpfenden Schwunterfeldvorschuss.

Logdatei Onlinespiel FancyFun

Nachricht von Zapp an Detlef: Diehl Hallo! Bist du im Spiel?
Systemmeldung: Detlef ist nicht online. Sende deine Nachricht zu einem anderen Zeitpunkt noch einmal.
Baegstaeb: Hast du Lust zu groupen?
Zapp: Du schon wieder?
Baegstaeb: Was ist denn in letzter Zeit hier los? Warum kennen mich auf einmal alle?

Zapp: Mir stellt sich eher die Frage, was du andauernd hier machst.
Baegstaeb: Na, weil hier an dieser Stelle alle LFG abhängen.
Zapp: LFG? Looking For Group, frei übersetzt so viel wie ich suche eine Gruppe. Das sind die hier alle?
Baegstaeb: Hast du jetzt Lust zu groupen?
Zapp: Groupen? Moment, du meinst mit anderen eine Gruppe zu bilden und gemeinsam gegen einen virtuellen Gegner zu kämpfen und sich am Ende Erfahrung und Beute zu teilen?
Baegstaeb: Alles k bei dir?
Zapp: k. ok. okay Ja alles okay bei mir.
Baegstaeb: Na dann komm, Grujo wartet schon.
Zapp: Grujo. Grujo?! Meinst du vielleicht Graka?
Baegstaeb: Eine Grafikkarte soll auf uns warten?
Zapp: Es ist mir jetzt sehr peinlich, aber ich finde nicht heraus, was Grujo bedeutet.
Baegstaeb: Das ist mein Freund. Sein Char heißt Grujo.
Zapp: Ach so, das ist bloß der Name seiner Kurzform vom Avatar.
Baegstaeb: Bist du Rollenspieler?
Zapp: Sind wir das nicht alle?
Baegstaeb: Hehe nein, ich meine bist du so ein Hardcore-Rollenspieler mit knallharten Regeln und Euer Herrlichkeitsgeschwafel und so nem schwachsinnigen Zeug?
Zapp: Wie kommst du darauf?
Baegstaeb: Weil du sehr kompliziert redest und schwer zu verstehen bist.
Grujo: hi
Baegstaeb: Hi Grujo, das ist Zapp, er wird mit uns groupen.
Zapp: Hi Grujo, ich bin Zapp und werde mit euch die Erfahrung und die Beute der erlegten Gegner teilen.
Grujo: isser RPGler?
Baegstaeb: Bin mir nicht sicher, aber ist doch egal. War sonst kein lvl 50 da.
Grujo: kk
Baegstaeb: Groupchat.
Grujo: k
Zapp: Groupchat? Soll ich jetzt auch von normaler Sprache auf den Gruppensprachmodus umschalten, damit nur noch wir drei uns unterhalten können und dies dann sogar über weite Entfernungen hinweg?
Zapp: Soll ich?
Zapp: Verstehe.

Gruppenchat Onlinespiel FancyFun

Baegstaeb: Da ich ein Dieb bin und ihr beide Zauberer seid pull ich und ihr nuked.
Grujo: k gibt aba ne Menge DT wg mana
Baegstaeb: Hehe, dafür sind die Fights sehr kurz und gefahrlos.
Grujo: k
Baegstaeb: Einverstanden Zapp?
Baegstaeb: Zapp?
Zapp: Also, du bist ein Dieb und gehst alleine weg um einzelne Monster herbeizulocken, die wir dann mit vereinten Kräften und unter Zuhilfenahme unserer mächtigen auf einmal Schaden zufügenden Zaubersprüche töten, was meinen und Grujo's Avatar eine Menge Mana kosten wird und weswegen wir viel Downtime, dass heißt im Sitzen verbrachte Zeit, zum Regenerieren benötigen werden.
Grujo: das is 100pro n RPGler
Baegstaeb: Dann bis gleich.
Zapp fragt die Zeit: es ist 17:28:01 Uhr
Zapp fragt die Zeit: es ist 17:29:10 Uhr
Zapp: Dauert die Pull-Aktion immer so lange?
Grujo: BS pullt sicha fett
Zapp: BS? Bullshit pullt auch?
Grujo: nee nur BS
Zapp: Komisch, muss ein Druckfehler sein.
Grujo: oda hattn add am arsch
Zapp: Zusätzliches Monster am Arsch? Pickel heißen hier zusätzliche Monster?
Baegstaeb: inc trollwar + ogershami
Zapp: Und was ergibt das als Summe?
Grujo: AE ? DD
Baegstaeb: DD shami
Grujo vorbereitet Zauberspruch
Trollkommandant trifft Baegstaeb mit 120 Schadenspunkte
Ogerschamane trifft Baegstaeb mit 52 Schadenspunkte
Ogerschamane vorbereitet Zauberspruch
Grujo verbrennt Ogerschamane mit 1020 Schadenspunkte
Ogerschamane wird Zauberspruch unterbrochen
Baegstaeb trifft Ogerschamane mit 240 Schadenspunkte
Trollkommandant trifft Baegstaeb mit 175 Schadenspunkte
Ogerschamane trifft Grujo mit 52 Schadenspunkte

Baegstaeb: Zapp! Was ist? Wo bleibt dein Spell?
Zapp: Also, dass ein Frontkämpfer und ein Ogerschamane reinkommen, habe ich ja inzwischen kapiert, obwohl man darüber streiten könnte ob ein War, also Warrior und somit Kämpfer auch ein Kommandant ist, aber wahrscheinlich nimmt man es in Stresssituationen wie diesen nicht so genau mit der Wahrheit. Nur warum hat sich die Frage gestellt ob wir einen flächendeckenden Zauberspruch oder einen direkten Schaden ausübenden Angriffszauber aussprechen sollen? Ein flächendeckender Zauber hätte doch uns allen geschadet?
Baegstaeb: Bist du irre? Grujo hat schon die Aggro vom Shami! Hau endlich deinen Nuke raus!!!!
Trollkommandant trifft Baegstaeb mit 140 Schadenspunkte
Ogerschamane trifft Grujo mit 67 Schadenspunkte
Grujo trifft Schamane mit 11 Schadenspunkte
Zapp vorbereitet Zauberspruch
Ogerschamane vorbereitet Zauberspruch
Grujo vorbereitet Zauberspruch
Baegstaeb trifft Ogerschamane mit kritischem Treffer mit 498 Schadenspunkte
Ogerschamane vorbereitet weiter Zauberspruch
Zapp verbrennt Baegstaeb mit 1150 Schadenspunkte
Baegstaeb stirbt
Ogerschamane verbrennt Grujo mit 790 Schadenspunkte
Grujo stirbt
Trollkommandant trifft Zapp mit 167 Schadenspunkte
Ogerschamane trifft Zapp mit 45 Schadenspunkte
Zapp: Hallo? Wo seid ihr hin?
Baegstaeb: DU TRÄGE TROTTELSAMMLUNG HAST MICH FLAMBIERT!
Grujo: wow wasn wipe
Trollkommandant trifft Zapp mit 220 Schadenspunkte
Ogerschamane trifft Zapp mit 45 Schadenspunkte
Zapp: Ich wusste gar nicht, dass man in diesem Spiel auch Spieler angreifen kann. Das nennt man doch PvP, also Spieler gegen Spieler?
Ogerschamane vorbereitet Zauberspruch
Trollkommandant trifft Zapp mit 134 Schadenspunkte
Baegstaeb: Was soll das werden? Krümelmonsters Lehrstunde über die Belastbarkeit menschlicher Leidensfähigkeit?
Grujo: fu

Zapp: FU? Fuck you? Willst du damit den Ausdruck äußersten Missfallens und Verachtung gegenüber einem Mitspieler kundtun?
Ogerschamane verbrennt Zapp mit 911 Schadenspunkte
Zapp stirbt
Zapp neugeboren am Bindeort
Baegstaeb: Gut, dass dich der Mob soeben ermeuchelt hat, sonst hätte ich es jetzt getan.
Grujo: mag nimma bin wech
Baegstaeb: Bye Grujo, wir sehen uns morgen, wenn der Heiland wieder da ist.
Grujo verlässt Gruppe
Zapp: Wie? Wie war das? Morgen erscheint Jesus?
Baegstaeb: Es wird draußen langsam dunkel, wirst du um diese Zeit normalerweise nicht wieder weggesperrt?
Zapp: Aber du behauptetest doch gerade wortwörtlich morgen erscheine der Heiland.
Baegstaeb: Ja und? Heiland ist der Name unseres Klerikers. Der hatte heute keine Zeit und ist morgen wieder im Spiel.
Zapp: Also so ist das also mit dem Heilsbringer gemeint. Und seit wann kennst du Herrn Diehl?
Baegstaeb: Herrn Diehl? Wer soll das denn nun wieder sein?
Zapp: Diehl ist doch dein und mein Jesus!
Baegstaeb: Wahnsinn! Was sich hier in letzter Zeit für halb geschrottete Wichte herumtreiben unterschreitet von der geistigen Kapazität her jede Mülltonnenvollversammlung.
Zapp: Versteh doch! Unser aller Heiland muss mir helfen den Sockendieb zu finden.
Baegstaeb: Ich geh jetzt ins nächste Wirtshaus.
Zapp: Halt, warte, ich folge dir. Das ist doch kein Grund mit dem Trinken anzufangen.
Baegstaeb: Du missglücktes Hirnmorphing! Ich will mich nicht besaufen, sondern dort Ausloggen.
Zapp: Bevor du die Abmeldung von dem Spielserver vornimmst und wieder auf die normale Benutzeroberfl Blödsinn, sag mir wann und wie ich den Heiland treffen kann?
Zapp stürzt und erleidet 637 Schadenspunkte
Zapp: Heiliger Binärwurm, plötzlich ist alles Schwarz um mich.
Baegstaeb: Bist du noch nie durch den Boden der Spielwelt gestürzt? Das passiert ab und zu. Gerade hier wo die Fässer so dicht beieinander stehen scheinen die Leveldesigner etwas schlampig gearbeitet zu haben und so manchen freien Bodenspalt übersehen zu haben.

Zapp: Und was mach ich jetzt?
Baegstaeb: Als Zauberer musst du bloß einen Teleportationsspell aussprechen, um dich zu befreien.
Zapp: Und angenommen ich hätte in meiner bisherigen Laufbahn nur Angriffszauber gelernt?
Baegstaeb: Dann wärst du schön blöd gewesen, wovon ich allerdings seit 5 Minuten zutiefst überzeugt bin und müsstest einen GM rufen.
Zapp: Na wunderbar.
Baegstaeb: Viel Spaß noch. Seltsam, plötzlich bin ich wieder einen Tick fröhlicher.
Baegstaeb verlässt Gruppe
Petition von Zapp: Ich brauche auf der Stelle alle GMs dieser Welt!!!!!!! Ich bin durch den Boden gefallen!!!!!!!!!!!!!!!!!
Zapp fragt die Zeit: es ist 14:51:01 Uhr
GM Volli: Hallo. Was ist dein Problem?
Zapp: Ich glaube es nicht! Das ging schnell.
GM Volli: Wir GMs haben Anweisung bei stecken gebliebenen Spielern umgehend zu reagieren und andere Anfragen zurückzustellen.
Zapp: Ich bin aber durch den Boden gefallen.
GM Volli: Mom.
Zapp: Mutti? Was ist mit Mutti?
GM Volli: Ich werde dich wieder zurück teleportieren.
Zapp: Ach so, Kurzform von bitte einen Moment warten.
Zapp ist am Bindeort teleportiert
GM Volli: Das war's.
Zapp: Vielen Dank Herr GM und ich finde Sie machen Ihren anstrengenden Job ausgezeichnet.
GM Volli: So ein Lob hört man hier nicht oft. Danke.
Zapp: Das ist aber sehr schade, denn ich bin der festen Überzeugung, dass ausschließlich durch euer überdurchschnittliches Engagement ein so wundervolles Spiel wie dieses hier erst seine wahre Qualität erlangt.
GM Volli: Das hast du schön gesagt. Danke nochmals.
Zapp: Und wenn irgendwelche pfuschenden Leveldesigner anstatt die Bodenstrukturen korrekt zu setzen lieber stundenlang irgendwelche Elfenbrüstchen modelliert haben, dann hilfst du uns Kunden, die wir im absolut falschen Moment durch den tiefschwarzen Schließmuskel dieser Chaoswelt gefallen sind und trotzdem immer noch freundlich zu jedermann sein müssen, um bloß nicht den Account zu verlieren, aus unserer Notlage.

GM Volli: Manchmal habe ich es aber auch mit recht asozialen Typen zu tun. Erst letztens aber lassen wir das.
Zapp: Genau vergessen wir das Vergangene und erfreuen uns an deiner guten Tat von heute.
GM Volli: Thx.
Zapp: Thx ist die Kurzform von Thanks oder Thank you, also Danke dir. Das sage ich jetzt auch.
GM Volli: Bist du ein Rollenspieler?
Zapp: Das fragt mich heute so ziemlich jeder. Warum eigentlich?
GM Volli: Vielleicht, weil du Nichtigkeiten so aufbauscht.
Zapp: Nein, das liegt nur daran, dass ich gerade lerne wie man sich in diesem Spiel zu verhalten hat.
GM Volli: Aber du spielst doch schon 50 Level lang?
Zapp: Das täuscht. Ich habe die Figur, sorry den Avatar, erst gestern gekauft.
GM Volli: Du hast den Char gekauft?
Zapp: Char darf man auch sagen, genau.
GM Volli: Du weißt, dass das gegen die EULA verstößt?
Zapp: End-User License Agreement. Die Lizenzvereinbarung mit dem Endbenutzer meinst du? Diesen Textsermon, den man beim Spielstart immer umständlich wegklicken muss? Sowas Langweiliges liest doch kein Mensch, sondern nur ein Anwalt um einen Ständer zu bekommen.
GM Volli: Trotzdem ist es laut unseren Geschäftsbedingungen nicht gestattet mit Gegenständen und Zahlungsmitteln aus FancyFun oder ganzen Accounts Handel zu treiben.
Zapp: Und was ist die Strafe? Vier Jahre Online-Knast?
GM Volli: Eigentlich müsste ich dir für diese Verfehlung den Account sperren. Aber da du so höflich zu mir warst, reicht es, wenn du den Character sofort löscht.
Zapp: Ich soll diesen Char löschen? Ich habe ein kleines Vermögen für dieses zweibeinige Feuerzeug bezahlt!
GM Volli: Trotzdem war der Kauf illegal und ich bestehe auf der Löschung.
Zapp: Weißt du, welche Abkürzung hier in meinem schlauen Buch über Online-Begriffe nicht erklärt wird, die ich aber gerne hinzufügen würde?
GM Volli: Welche?
Zapp: Volli, Abkürzung für Vollidiot.

Tagebucheintrag Olnigg
Wieder ein Account weniger auf der Welt.

9. Zum Dritten

Tagebucheintrag Olnigg
Gestern Nachmittag hat völlig überraschend die blaublütige Tippse wieder Kontakt mit mir aufgenommen. Anscheinend hat sie meine abartige Orientierung überwinden oder verdrängen können und braucht jetzt Hilfe von jemand, der nicht in Ihrem Bekanntenkreis beheimatet ist.
Dazu sollte ich mich bei einem bekannten Online-Auktionshaus als Mitglied registrieren lassen und dann heute in fast genau zwei Stunden mit ihr per Chat Kontakt aufnehmen. Ich habe zwar keine Ahnung, worum es genau geht, aber das dürfte die Gelegenheit sein meinen Ruf wieder etwas aufzubessern.
Ich werde vor allem versuchen mich dieses Mal so gewählt wie sie auszudrücken, vielleicht fasst sie dann mehr Vertrauen zu mir und ich kann sie etwas über ihre Arbeitskollegen aushorchen.

Chat Olnigg mit Dorothea Raupel

Raupel: Seien Sie gegrüßt, Herr Olnigg.
Olnigg: Guten Tag sehr geehrte Frau von Raupel.
Raupel: Vorab, will ich sagen, dass ich kein Wort über unsere letzte Unterhaltung verlieren will.
Olnigg: Welche Unterhaltung?
Raupel: Ich sehe wir versehen uns. Zu allererst möchte ich Sie davon in Kenntnis setzen, was mein heutiges Bestreben ist.
Olnigg: Es wäre mir ein Vergnügen dieses zu vernehmen und Ihnen meine Fähigkeiten zu Füßen legen zu dürfen.
Raupel: Füße? Seien Sie vorsichtig! Haben Sie, wie von mir gewünscht, parallel zu unserem Gespräch die Internetseite des Auktionshauses aufgerufen?
Olnigg: Der im Vorfeld unseres Treffens geäußerte Wunsch von Ihnen war mir Befehl.
Raupel: Sie drücken sich heute ja richtig gewählt aus, Herr Olnigg, das gefällt mir.
Olnigg: Vielen Dank Gnädigste, aber wenn man sich mit einer Dame von Welt unterhält, dann fällt das so leicht wie ein Tisch mit drei Beinen.
Raupel: Äh ja, doch sollten wir uns jetzt verstärkt der Auktion zuwenden. Wir haben nicht mehr viel Zeit zur Verfügung.
Olnigg: Aber gerne. Was ist denn nun der mir angedachte Teil bei der ganzen Sache?

Raupel: Hat Ihre Person denn schon einmal einer Auktion beigewohnt?
Olnigg: Ich muss gestehen, ich bin keineswegs bis zur Perfektion mit Auktionen vertraut und wäre Ihnen sehr dankbar, wenn Sie mir das ein oder andere Wort der Erklärung zuteil werden lassen könnten.
Raupel: Vorab Herr Olnigg, bitte fassen Sie sich kurz. So schön Ihr neuer Weg der Wortfindung auch sein mag, aber Sie sollten trotzdem sich und Ihre Worte etwas kürzer fassen.
Olnigg: Wenn Sie meinen, Gnädigste, nichts läge mir ferner als Ihnen mit meinen Taten Ungemach zu bereiten.
Raupel: Ein einfaches Ja hätte jetzt zum Beispiel genügt. Wenn ich jedes Mal eine halbe Ewigkeit darauf warten muss, bis Sie Ihre Antwort eingegeben haben, dann ist die Auktion beendet, bevor wir das erste Gebot eingereicht haben.
Olnigg: So sei es. Worum geht es, Tschuldigung, geht's denn nun in dieser Ihrer dringenden Angelegenheit?
Raupel: Ich will, dass Sie für mich einen Gegenstand ersteigern. Selbstverständlich werde ich Ihnen am Ende der Auktion das Geld erstatten und Sie senden mir nach Erhalt desselben das ersteigerte Objekt zu.
Olnigg: Bei einer solch einfachen Aufgabe, sollte selbst mir das perfekte Gelingen bereits in die Wiege gelegt sein.
Raupel: Es geht um eine Vase, die ich ersteigern will, und da die Auktion in 10 Minuten zu Ende geht, sollten wir den Schwerpunkt unserer nächsten Dialoge weniger auf Floskeln sondern vermehrt auf Fakten legen.
Olnigg: In zehn, sorry, 10 Minuten? Ich dachte solche Internet-Auktionen strecken sich über Tage hin? Ist denn Ihre Zeitwahl nicht etwas zu sehr an der Lichtgeschwindigkeit orientiert?
Raupel: Nur, wenn mein Hilfspersonal bei der Tastatureingabe seiner Buchstaben noch langsamer als die Wiederkehr von Schaltjahren ist. Also schneller Olnigg! Außerdem, wieso sollte ich gegen halb ernsthafte Interessenten schon Tage vor dem Auktionsende die Preise hochtreiben, wenn diese Hobbybieter den Zeitpunkt des Auktionsendes sowieso gänzlich verschlafen?
Olnigg: Verständnis erfolgt, und was ist nun die meiner einer zugedachte Rolle?
Raupel: Sie sind mein Strohmann.
Olnigg: Meine in Ihren Augen vielleicht durchaus verabscheuungswürdige sexuelle Orientierungsphase gibt Ihnen noch lange nicht das Recht mich zu beleidigen.

Raupel: Sie missverstehen mich gänzlich. Um kein Risiko einzugehen und den Preis hochzutreiben hat der Verkäufer dieser Vase immer einen Helfer zur Hand, der bei zu niedrigen Geboten die Preise in seinem Interesse hochtreibt.
Olnigg: Das ist aber nicht nett von ihm.
Raupel: Keine Sorge, wir kontern. Da der Verkäufer mich, besser gesagt meinen Mitgliedsnamen kennt, und weiß, wie sehr ich das heutige Objekt begehre, erwartet er meine Gebote. Doch in Wirklichkeit werden Sie das Objekt ersteigern und ich werde überhaupt nicht in Erscheinung treten. So wird er letzten Endes froh sein, seine Ware wenigstens zum halbwegs guten Preis an irgendeinen völlig Fremden losgeworden zu sein.
Olnigg: Das ist aber nicht nett von uns.
Raupel: Es geht um viel Geld Olnigg, also setzen Sie mir das nicht ich den Sand.
Olnigg: Ich werde das, was allgemein als das Beste tituliert wird, zu geben versu ja okay.
Raupel: Rufen Sie jetzt die Auktion 1120486 auf. Hierbei handelt es sich um die Versteigerung einer altchinesischen Vase aus der Mingdynastie. Die Ersteigerung dieses Objektes ist unser Ziel.
Olnigg: Ich hab's gefunden das zu Findende, aber der Preis erscheint mir doch sehr niedrig für einen solch wertvollen Gegenstand, den zur Zierde Sie zu erwerben gedenken.
Raupel: Schluss mit dem Geschwafel! Wir müssen sehr schnell handeln. Geben Sie jetzt ein Gebot über 192 Euro ab.
Olnigg: 192 Euro?! Das ist aber eine Menge Münzen!
Raupel: GEBOT ABGEBEN SAGE ICH!!!!!!!!!!
Olnigg: ok ok, habs gemacht
Raupel: Wieso sehe ich dann nichts von Ihrem Gebot?
Olnigg: Hallo? Vielleicht müssen Gnädigste erst Ihren Browser dazu veranlassen die Internetseite zu aktualisieren, damit die von mir vorgenommen Taten zu Ihren Augen gelangen.
Raupel: Olnigg, glauben Sie das ist meine erste Verstei WAS STEHT NEBEN DER AUKTIONSNUMMER? SCHNELL!
Olnigg: Hochleistungspumpe Elbe 3000, nicht gut oder?
Raupel: Mein Gott, Sie heiß gelaufene Denkbremse! Sie haben die Nummerneingabe durch einen Zahlendreher torpediert! Versuchen Sie es nochmal! Versteigerung Nr. 1120468!
Olnigg: Gut jetzt passt's, Vase, Ming und Dynastie und die 912 habe ich jetzt auch schon geboten.
Raupel: 912?!
Olnigg: Mist, verfluchter Mist!

55

Raupel: 912 EURO?! HAT SIE DENN DER WAHNSINN UNTER KONTROLLE?!
Olnigg: Hihi Tschuldigung, aber scheint so als hätten meine Finger heute einen Knoten.
Olnigg: Ist aber auch kein Wunder bei dem Stress, dem die armen Fingerchen hier ausgesetzt sind.
Olnigg: Und bei einer echten Ming, Dynaming, die geht doch sicher höher als 912, oder?
Olnigg: Hallo?
Olnigg: Sind Sie noch da?
Raupel: Ja, leider.
Olnigg: Muss ich denn jetzt noch weiter bieten?
Raupel: Nein, die Versteigerung ist inzwischen zu Ende gegangen.
Olnigg: Und? Haben wir die Vase Ming zugeschlagen bekommen?
Raupel: Für 912 bekommt man fast jede Vase dieser Welt zugesprochen, und dieses Modell im Besonderen bis zum Rand hin mit Diamanten aufgefüllt.
Olnigg: Dann war das jetzt wohl nicht unbedingt das Schnäppchen, dass Sie zu machen gedachten?
Raupel: Nicht einmal im Ansatz.
Olnigg: Ist aber nicht der schlimmsten Unglücke einer, oder? Ob 192 oder 912, Hauptsache Sie haben ihre Blumenvase.
Raupel: Hören Sie zu Herr Olnigg. Der An- und Verkauf von Antiquitäten ist mein zweites berufliches Standbein. Damit bessere ich seit meiner Scheidung mein recht knapp bemessenes Gehalt als Sekretärin auf.
Olnigg: Oh.
Raupel: Ich versuche im Internet alle möglichen Dekorationsstücke möglichst billig zu ersteigern und dann Gewinn bringend im Direktverkauf an wohlhabende Familien weiterzuveräußern.
Olnigg: Kommt da was zusammen, ich meine außer an solchen Tagen wie heute?
Raupel: Es gelingt mir gerade so mein großes Haus zu halten.
Olnigg: Das tut mir Leid, das konnte ich nicht wissen.
Raupel: Schon in Ordnung, wir alle haben es im Leben nicht leicht.
Olnigg: Selbstverständlich bezahle ich die Vase und das heutige Desaster geht zu meinen Lasten.
Raupel: Das ist sehr aber sehr edel von Ihnen.
Olnigg: Edelkeit ist der Quell meiner Person.
Raupel: Dürfte ich Sie bei all Ihrer Ritterlichkeit um eine Sache bitten?

Olnigg: Wenn es nicht mit Ziffern zu tun hat, gerne.
Raupel: Bitte kehren Sie wieder zu ihrer alten Sprache zurück, alles andere würde meinen Verstand jetzt dem finalen Kurzschluss entgegentreiben.
Olnigg: Sie meinen meine bisherige Wortwahl steht mir nicht so besonders?
Raupel: Wie einer Latrine das Türschild Konferenzraum.
Olnigg: Wenn es Ihnen hilft, sich wieder besser zu fühlen und ich sie damit wieder aufbauen kann, dann okay, mach ich.
Raupel: Ich wüsste nicht, was mich nach diesem entgangenen Geschäft sonst noch aufbauen sollte.
Olnigg: Ach ich hätte da schon was Aufbauendes für Sie.
Raupel: Könnten Sie das etwas verständlicher ausdrücken?
Olnigg: Ich bin gerade stolzer Besitzer einer asiatischen Minzvase geworden und wäre bereit Ihnen dieses Schmuckstück fast zum Selbstkostenpreis für nur noch 913 Euro zu überlassen.
Raupel: Wissen Sie, wo Sie sich solcher Art von Scherz jetzt hinstecken können?
Olnigg: In meine neue Vase?
Olnigg: Hallo?
Olnigg: Hallooooo?

Tagebucheintrag Olnigg

Diese abrupte Art der Verabschiedung scheint in höheren Kreisen Gewohnheit zu sein. Obwohl die ganze Auktion nicht annähernd so ablief wie ich es ursprünglich gedacht hatte, war das für meine Ermittlungsarbeiten trotzdem ein voller Erfolg.
Um ihren aufwendigen Lebensstil zu finanzieren, betreibt diese absturzgefährdete Adlige ohne Wissen ihres Arbeitgebers einen Antiquitätenhandel mit Vasen und anderen Zerbrechlichkeiten. Dieser Nebenjob dürfte ihren Chef zwar nicht gerade erfreuen, aber als Werksspionin scheidet sie nach der heutigen Eröffnung und dem misslungenen Bestechungsversuch vom letzten Mal garantiert aus.
Leider dürfte mit diesem weiteren Geldverlust Schwunterfelds Anzahlung immer mehr zur Neige gehen und wohin ich diesen potthässlichen Tontopf hinstellen soll weiß ich auch noch nicht. Am besten in den Besenschrank, ganz oben, gleich neben die für 192 Euro ersteigerte Hochleistungspumpe Elbe 3000, von der doch kein Mensch ahnen konnte, dass man diese bereits für 49,99 Euro ganz regulär im Laden kaufen kann.

10. Lösung H

Tagebucheintrag Olnigg

Ich habe schon sehr lange nichts mehr von meinem Verehrer Henrik gehört. Nicht dass ich ihn und seine zwischen den Zeilen lesbare Dauererektion vermissen würde, aber sollte er wirklich mehr von mir als meine geschriebenen Wörter wollen, dann müsste er inzwischen schon längst illegale Hand an sein Labor gelegt haben. Vielleicht sollte ich eine kurze Nachfrage starten.

Email Susi Olnigg an Henrik Jodlinger

Hallo Henrik,
hast du mich schon wieder vergessen? Ich habe seit unserem Chat damals nichts mehr von dir gehört? Geht es dir nicht gut oder steckst du gerade hüfttief in Arbeit und kannst nicht einmal mehr an mich denken?
Liebe Grüße
Susi

Email Henrik Jodlinger an Susi Olnigg

Liebe Susi,
verzeih mir mein langes Schweigen. Selbstverständlich denke ich oft und vor allem in meinen Träumen in einer Form an dich, die du dir in den deinen niemals vorstellen kannst, wenn du verstehst was ich meine?
Bei der von dir auferlegten Mutprobe habe ich große Fortschritte gemacht und ich kann dir drei Dinge anbieten, die ich aus dem Labor dauerhaft entleihen könnte. Einmal wäre da ein elegantes Abendkleid, dann ein samtenes Negligee und zuletzt eine Kopie von Forschungsunterlagen über irgendwelche medizinischen Materialien, die dich wahrscheinlich am wenigsten interessieren dürften.
Da ich jetzt wenig Zeit habe, schlage ich vor, wir unterhalten uns später im Chat weiter und du sagst mir dann, wofür du dich entschieden hast.
Greetz
Henrik

Tagebucheintrag Olnigg
Das darf doch nicht war sein! Da hat der steife Henrik durchaus recht, so etwas hätte ich in meinen kühnsten Albträumen nicht gedacht.
Ich bin so dicht dran an der Lösung und kann letzten Endes doch nicht den endgültigen Beweis einfordern. Wie soll ich denn glaubhaft rüberbringen, dass Susi keinerlei Interesse an Samt und Seide sondern stattdessen nur an profanem Papier hat? Dieser Labordieb, oder besser gesagt Triebtäter, dürfte sofort misstrauisch werden, wenn Susi ihr Interesse abrupt von Geschmeide auf Formeln verlagern würde.
Das wird eine verdammt schwierige Aufgabe und erfordert wahrscheinlich ein weiteres Mal den vollen Einsatz meiner imaginären Oberweite.

Chat Susi Olnigg mit Henrik Jodlinger
Susi: Hallo bist du da?
Henrik: Ja.
Susi: Hast du wieder lange warten müssen?
Henrik: Die übliche Stunde.
Susi: Gell? Darauf kann man sich bei mir verlassen.
Henrik: Und? Weißt du schon, was du mir als Belohnung für meine Heldentat schenken wirst?
Susi: Immer langsam mit den stürmischen Hengsten. Erst einmal will ich wissen, was du für mich rauben wirst. Du sagtest etwas von einem Abendkleid, einem Negligee und einem Haufen Papier?
Henrik: Ja. Was willst du denn haben?
Susi: Ach weißt du was, bevor ich mich lange entscheiden muss, nehme ich doch alle drei.
Henrik: Bitte? Das geht nicht!
Susi: Das fände ich aber eine sehr leidenschaftliche Tat von dir.
Henrik: Die mir aber auch eine Menge Leiden schaffen würde, wenn mein Arbeitgeber den Diebstahl bemerkt.
Susi: Wieso kannst du mir denn nicht alle drei Dinge zum Geschenk machen?
Henrik: Weil ich das Fehlen eines einzelnen Gegenstandes als Unfall in Form eines tragischen Ablebens in einem alles zersetzenden Säurebad erklären kann. Aber wenn ich sage, ich hätte gleich drei Gegenstände hintereinander fallen gelassen dann werden die mich umgehend wegen unberechenbarer Nervenmotorik als Sicherheitsrisiko Zwangspensionieren.
Susi: Na gut. Wie sieht denn das Abendkleid aus?

Henrik: Es ist äußerst schick, taillenbetont und mit sehr gewagtem Ausschnitt.
Susi: Warum hattet ihr das Kleid im Labor?
Henrik: Wie haben es auf die Entflammbarkeit hin getestet. Es durfte erst ab einem bestimmten Temperaturwert zu brennen anfangen.
Susi: Hast du denn dein Gehirn gleich mit abfackeln lassen? Du verlangst von mir allen Ernstes mich über ein Stück tragbares Kohlebrikett zu freuen?
Henrik: Keine Sorge. Erstmal sind die Kleider ohnehin schwarz und außerdem wurden unserer Abteilung mehrere überlassen.
Susi: Wurden denn nicht alle Kleider gegrillt?
Henrik: Nein. Die Fremdzündungstemperatur des ersten Testmusters und die Geschwindigkeit des folgenden Zersetzungsvorganges lagen weit über den gesetzlichen Richtwerten, weshalb wir auf weitere Prüfungen verzichten konnten.
Susi: Hältst du mich für blöd? Was ist, wenn die anderen Kleider wegen irgendwelcher ausgebeuteter und übermüdeter indischer Kinderklöppler einen Webfehler haben und viel früher Feuer fangen und meinen Alabasterkörper in Asche verwandeln?
Henrik: Da die chemische Zusammensetzung der Faserstoffe vollkommen identisch ist, kann von einem solchen Brandverhalten nicht ausgegangen werden.
Susi: Diesen langen Satz bekommen wir nie auf meinen Grabstein. Oder sollte ich sagen, auf meine Urne, weil die Einäscherung dank dir bereits kostengünstig vorweggenommen wird.
Henrik: Soso. Verstehe ich also richtig, dass du an dem Abendkleid weniger interessiert bist?
Susi: So wenig wie wenn du mir zur Zierde meiner Hände ein Paar Aidshandschuhe anbieten würdest. Was ist mit dem Negligee? Kann man das wenigstens ohne Abschluss einer Lebensversicherung anziehen oder taugt das ebenfalls nur für sommerliche Grillabende als Brandbeschleuniger?
Henrik: Nein. Die haben wir lediglich einem dauermechanischen Belastungstest unterzogen und ich versichere dir, dass sie alle Tests mit Bravour bestanden hat.
Susi: Keine Brandschäden?
Henrik: Es wurde keine Brandtests durchgeführt.
Susi: Auch nicht in so eine Säurebadewanne getaucht?
Henrik: Garantiert nicht.
Susi: Keine anderweitigen Verstümmelungen, Vierteilungen oder sonstigen Folterungen vorgenommen?

Henrik: Ich schwöre.
Susi: Schade.
Henrik: Schade?
Susi: Sorry, ich hab zu früh auf die Eingabetaste gedrückt. Ich wollte schreiben: Schaden haben sie also keine?
Henrik: Sind alle wie neu.
Henrik: Und willst du es?
Henrik: Susi?
Susi: Welche Größen stehen denn zur Auswahl?
Henrik: Alle Möglichen. Welche brauchst du?
Susi: 36.
Henrik: Kein Problem, so eins ist da.
Susi: Auch mit Körbchengröße H?
Henrik: Oho! H? Gibt's denn sowas? Ich kenne D, DD und E. Aber H?!
Susi: Also kein H?
Henrik: Ich befürchte nein. Du hast H?
Susi: Ich erwähnte doch bereits im letzten Gespräch, dass mein Rücken einer überdurchschnittlich großen Belastung ausgesetzt sei.
Henrik: Ja aber so groß? Wie groß ist denn H?
Susi: Also E steht für Enorm, F glaub ich für Fantastisch, G für Gigantisch und H für Himalaja. Ist jetzt aber unwichtig, viel schlimmer ist doch, dass du mir jetzt nur das Papier schenken kannst.
Henrik: Stimmt, daran habe ich überhaupt noch nicht gedacht.
Susi: Aber zur Not nehme ich das auch. Bei einem Geschenk ist doch der Gedanke der zählt.
Henrik: Ich weiß nicht. Diese geheimen Forschungsunterlagen habe ich dir eigentlich nur angeboten, damit ich dir drei Dinge zur Auswahl bieten kann. Ich hätte niemals gedacht, dass die Wahl am Ende darauf fallen würde, wenn du verstehst was ich meine?
Susi: Na immerhin hätte ich dann etwas ganz doll Geheimes und Wichtiges in meinen Händen und das würden ich und meine Hände auch ganz erregend finden.
Henrik: Trotzdem, diese Unterlagen stellen schon einen gewissen geistigen Wert dar, die wenn sie in falsche Hände geraten mir durchaus einige Schwierigkeiten bereiten könnten.
Susi: Sind denn diese Papiere beidseitig bedruckt?
Henrik: Ja, ich denke schon. Warum fragst du?

Susi: Na dann kann ich sie doch nicht weiterverkaufen, denn welcher Depp kauft schon Papier, das bereits auf beiden Seiten benutzt worden ist? Das kann man doch nicht mehr verwenden.
Henrik: Diese Art der Argumentation entlastet dich, aber sie überzeugt mich nicht wirklich.
Susi: Hatte ich dir eigentlich schon gesagt was ich mir als Belohnung für deinen Treuebeweis ausgedacht habe?
Henrik: Nein, was denn?
Susi: Da du anscheinend noch niemals Brüste in Größe H gesehen hast würde ich mich bereit erklären dich einmal per Webcam einen Blick darauf werfen zu lassen. Na, wie wäre das?
Henrik: Oho!
Susi: Du musst mir aber versprechen, dass du vor deinem Computer keine schlimmen Sachen mit dir machst, während ich mich vor dir ganz langsam ausziehe und dann ganz nackig vor dir stehe und du alles an mir sehen kannst.
Henrik: Ja.
Susi: Dann ist gut. Am besten ich lasse dich einmal abends zusehen, wenn ich meine Haut mit Pflegeöl einreibe. Das hat mir nämlich auch mein Arzt verschrieben, damit die belastete Haut meiner Brüste auf Dauer so geschmeidig und straff wie heute bleibt.
Henrik: Ja.
Susi: Allerdings musst du schon etwas Zeit mitbringen, da ich wegen der vielen Haut etwas länger reiben und cremen und meine Hand gleiten lassen muss.
Henrik: Ja.
Susi: Geht das so in Ordnung Henrik?
Henrik: Teil mir bitte gleich per eMail deine Postanschrift mit, ich werde dir die Unterlagen dann so schnell wie es geht besorgen und zuschicken.
Susi: Das ist lieb von dir, mein lieber Henrik.
Henrik: Oho, und von dir erst.
Susi: Leb wohl mein großer Held.
Henrik: Greetz.

Tagebucheintrag Olnigg

Strike!
Busensusi schlägt Hodenhenrik!
Ich habe zwar immer noch keine Ahnung, warum dieser Typ die Unterlagen beim ersten Mal geklaut hat, aber wenn er sie für mich jetzt noch einmal entwendet, dann kann ich dem werten Oberboss Schwunterfeld zumindest ein weiteres potenzielles, oder im Falle

Henrik passender formuliert, potentes Sicherheitsrisiko innerhalb seiner Firma präsentieren. Wenn ich jetzt neben der Raupel noch endlich den Detlef „Heiland" Diehl ausschließen kann, dann werden ich und mein fürstliches Honorar bald vereint sein.

11. Schlechtes Vorspiel

Tagebucheintrag Olnigg

Manchmal sollte man sich auch eigene Fehler eingestehen, wenngleich dieser Fall bei meiner Person immer noch so selten wie eine Sonnenblume mit Schluckauf ist.

Ich hätte nach der überraschenden Eröffnung von diesem Onlinespieler Baegstaeb, er kenne den Heiland, gleich einmal die gängigen Suchmaschinen zurate ziehen sollen. Als ich dies heute nachgeholt und eben dieses Wort Baegstaeb eingegeben hatte, wurde ich direkt auf die Homepage einer Gilde mit dem Namen „MetzelAsse" verwiesen.

Gilden scheinen in FancyFun so etwas wie die virtuelle Ausführung eines Gesangs- oder Kegelvereins zu sein, mit dem einzigen Unterschied, dass man dort nicht die Trommelfelle unschuldig Beteiligter oder unter dem Mäntelchen der sportlichen Betätigung die Leber an ihre Belastungsgrenzen bringt, sondern sich in einer virtuellen Welt regelmäßig mit Gleichgesinnten auf Monsterjagd begibt. Und eben dieser Gilde MetzelAsse gehört nicht nur Baegstaeb sondern auch der gesuchte Detlef Diehl an!

Was aber mein Glück komplettiert sind die aktuellen Neuigkeiten, die ich den dort veröffentlichten Gildennews entnehmen konnte. Als Erstes fiel mir auf, dass die MetzelAsse aus nur 4 Mitgliedern bestehen, wovon mir drei schon mehr oder weniger gut bekannt sind. Da wäre zunächst Heiland, seines Zeichens und Namens der Klasse der Heiler, oder auch Kleriker genannt, zugehörig, dann der mir sehr bekannte Baegstaeb, wie höchstpersönlich selbst erlebt Vertreter der Diebesklasse, und nicht zuletzt der Magier Grujo, den und dessen eigenwillige Auslegung von Kommunikation ich bereits ebenfalls kennen lernen durfte.

Die vierte Person ist interessanterweise vor einiger Zeit aus der Gilde ausgetreten und dürfte hierdurch die MetzelAsse augrund der ohnehin schon geringen Mitgliederzahl in eine kleine Krise gestürzt haben, denn es gibt an oberster Stelle der Homepage einen sehr auffällig gehaltenen Aufruf sich als neues Gildenmitglied zu bewerben. Als Voraussetzung wird hierbei die Zugehörigkeit der Kämpferklasse und der obligatorische Mindestlevel 50 genannt. Da dies die Gelegenheit ist, mich undercover auf Informationssuche über Detlef Diehl zu begeben, werde ich mich schnellstens bewerben.

Email Olnigg an MetzelAsse

Sehr geehrte Damen und Herren vom Gildenvorstand,
Bezug nehmend auf Ihre Internetanzeige möchte ich mich hiermit für die ausgeschriebene Stelle als Level 50 Kämpfer bewerben. Bitte teilen Sie mir mit, welche Bewerbungsunterlagen Sie benötigen, in welchem Umfang und Inhalt und nicht zuletzt an welcher Stelle diese vorzulegen sind, damit ich diese zur schnellst möglichen Bearbeitung einreichen kann.
Mit freundlichen Grüßen
Olnigg

Email Baegstaeb an Olnigg

Hi Olnigg,
LOL cooler Text
Das war die bisher originellste Bewerbung und man könnte meinen du willst bei uns Geld und Urlaub verdienen :-)
Wenn du Lust hast, dann treffen wir uns Samstagabend um 20 Uhr in FancyFun zum Probespielen. Die Gilde wird dann komplett versammelt sein und wir ziehen mit dir los um einen Drachen zu erlegen und dessen Schatz zu heben. Wenn du dabei eine gute Figur machst, dann würden wir dich im Anschluss feierlich in die Gilde aufnehmen.
Da gerade die letzten Tage eine Menge Suppenhirne in FancyFun unterwegs sind mail mir doch bitte vorher noch deinen Ingame-Namen, damit es zu keiner Verwechslung kommt.
Apropos Namen! Der Name Olnigg kommt mir irgendwie bekannt vor. Sind wir uns vielleicht schon früher irgendwo einmal begegnet?
Bis dann
Baegstaeb

Tagebucheintrag Olnigg

Das hat doch wunderbar geklappt, obwohl ich nicht weiß was an meiner Bewerbung so erheiternd gewesen sein soll. Einzig die angekündigte Aufnahmeprüfung in Form einer Drachenjagd bereitet mir noch etwas Kopfzerbrechen. Zumal es sich bei dem einzigen Gegner den ich bislang erfolgreich niederstrecken konnte um eine fette Made gehandelt hat und mich das ungute Gefühl beschleicht, dass so ein Drache in Sachen Überlebenskampf etwas engagierter ist.

Mit dem Kauf eines Level 50 Kriegers habe ich heute den letzten Cent aus Schwunterfelds Vorschuss aufgebraucht. Gemäß Character-Beschreibung und vorab durchgeführtem Marktvergleich sollte ich zwar das Beste vom Besten und leider auch das Teuerste vom Teuersten gekauft haben, was derzeit auf dem virtuellen Galdiatorenmarkt erhältlich ist und alleine mein Auftreten dürfte die zukünftigen Gildenfreunde in Erstaunen versetzen, nur leider steht dies alles sehr im Missverhältnis zu meiner persönlichen Unfähigkeit im Umgang mit solchen binären Kampfpanzern.

Auch traue ich mich nicht vor Samstag in das Spiel einzuloggen und mich ein wenig mit der Spielweise meines neuen Avatars vertraut zu machen, denn zu sehr sind mir noch die letzten GM-Desaster in Erinnerung und ein weiterer Komplettverlust würde mein Bankkonto in negative Schwingungen versetzen. Es bleibt mir also nichts anderes übrig als die nächsten Tage viel im Internet zu recherchieren und mir genug Hintergrundwissen anzueignen, um wenigstens die theoretische Avatarpüfung bestehen zu können. Aber mit etwas Ruhe und Gelassenheit wird es mir schon gelingen das theoretische Wissen in zumindest halb glorreiche Taten umzusetzen.

Email Dorothea Raupel an Olnigg

Werter Herr Olnigg
Nachdem reichlich Zeit seit unserer letzten Kontaktaufnahme verstrichen ist, drängt es mich mit Ihnen Kontakt aufzunehmen und nach Ihrem Wohlbefinden zu erkundigen. Ich hoffe Sie haben viel Freude am Anblick der erworbenen Mingvase und sind trotz überhöhtem Preis mit diesem Schmuckstück im Reinen.
Der Anlass und Schwerpunkt der heutigen Kontaktpflege, Sie werden es mit Ihrer kombinatorischen Gabe bereits richtig vermutet haben, ist das Anstehen eines Auktionsendes, zu dessen erfolgreichem Abschluss ich erneut Ihre Hilfe in Anspruch nehmen möchte. Bitte beachten Sie die von mir bewusst gewählte Verwendung des Wortes „erfolgreich", denn es würde meinem finanziellen Fortkommen entscheidend weiterhelfen, wenn unsere diesmalige Zusammenarbeit einen zufrieden stellenderen Ausgang als bislang gewohnt haben könnte.
Bitte teilen Sie mir also mit, ob Sie willens und fähig sind mir Ihre Unterstützung zuteil werden zu lassen.
In Erwartung Ihrer Antwort verbleibe ich mit Grüße
Dorothea v. Raupel

Email Olnigg an Baegstaeb

Hallo Baegstaeb,
mein Avatar heißt Zawutsch und das mit Olnigg ist bestimmt eine Verwechslung. Du kennst bestimmt keinen Olnigg, und solltest du dich doch an einen erinnern, dann ist das bestimmt ein ganz anderer gewesen, selbst wenn du den zum Beispiel in FancyFun getroffen hättest. Olnigg ist ein Allerweltsname wie Huber, Müller oder Meyer und bei uns hier in der Gegend gibt es schon so viele Olniggs, dass man sich zwischen Singledasein oder Inzucht entscheiden muss.
Viele Grüße und bis Samstag
Olnigg

Email Olnigg an Dorothea Raupel

Sehr geehrte Frau von Raupel,
Danke der Nachfrage Verehrteste und die Vase hat bei mir selbstverständlich den höchsten Ehrenplatz in einem garantiert staubfreien Behältnis bekommen.
Selbstverständlich werde ich Ihnen bei Ihrem Broterwerb weiterhin behilflich sein und ich verspreche schon jetzt hier und heute feierlich und bei allem, was mir wert und versichert ist, dass ich mein Bestes geben werde, um endlich nicht nur Ihr Vermögen sondern auch meinen guten Ruf aufzubauen.
Mit freundlichen Grüßen
Olnigg

Email Henrik Jodlinger an Susi Olnigg

Hi Susi,
es ist soweit und bald werde ich dir die geheimen Unterlagen zukommen lassen können. Da ich am Wochenende kurz in die Arbeit muss, um nach einem wichtigen Experiment zu sehen, werde ich durch diesen glücklichen Umstand eine Stunde lang völlig unbeobachtet im Labor verbringen können. Ich werde dann die Unterlagen einscannen und per direktem Datentransfer auf deinen Rechner übertragen. Post- oder eMailversand sind mir zu riskant, da ich den starken Verdacht hege, dass mein oberster Chef bereits seit einiger Zeit irgendwelche illegalen Aktivitäten im Umfeld unseres Labors vermutet.
Als Anlage erhältst du die Software DataSchubs, mit der du die Daten am Samstag herunterladen kannst. Ich werde mich um kurz

nach acht Uhr abends bei dir melden und dann sagen was du zu tun hast.
Greetz
Henrik

Email Susi Olnigg an Henrik Jodlinger

Hallo lieber Henrik,
Fantastisch! Ich freue mich schon wahnsinnig auf unser verbotenes Abenteuer, aber könnten wir das mit der Einladung der Daten nicht am Sonntag machen? Samstag habe ich schon etwas anderes vor.
Liebe Grüße
Susi

Email Henrik Jodlinger an Susi Olnigg

Hi Susi,
leider muss es Samstag zwischen 20 und 21 Uhr sein, denn meine Keycard für den Labortrakt wurde einmalig für diesen Zeitraum freigeschaltet. Was ist denn der andere wichtige Termin? Kannst du den nicht verschieben? Unser Abenteuer ist doch bestimmt viel interessanter als alles andere auf der Welt. Ansonsten würde es noch einige Wochen dauern, bis ich wieder einmal alleine im Labor schalten und walten kann.
Greetz
Henrik

Email Susi Olnigg an Henrik Jodlinger

Lieber Henrik,
na dann von mir aus. Irgendwie werde ich das schon schaffen. Ich werde also am Samstag empfängnisbereit sein und deine Daten bei mir willkommen heißen.
Liebe Grüße
Susi

Email Dorothea Raupel an Olnigg

Werter Herr Olnigg
Es freut mich so positive Nachricht von Ihnen erhalten zu haben. Ich möchte aber nicht zu erwähnen versäumen, wie wichtig diese anstehende Versteigerung für mich ist. Sowohl das zu ersteigernde Objekt als auch die damit verbundene Geldsumme werden von uns allerhöchste Konzentration abverlangen.

Jedoch sehe ich jetzt, da ich die verbindliche Zusage für Ihre tatkräftige Unterstützung habe, den kommenden Ereignissen wesentlich gelassener entgegen. Mit vereinten Kräften werden wir den Erfolg schon auf unsere Seite bitten können. Selbstverständlich werde ich mich dieses Mal wesentlich zeitiger mit Ihnen in Verbindung setzten und da die Versteigerung am Samstag um 21 Uhr 14 endet, wird meine Kontaktaufnahme bereits eine Stunde vorher erfolgen.

Wie freue ich mich, in Ihnen einen solch zuverlässigen Internetfreund gefunden zu haben und ich möchte an dieser Stelle hervorheben, dass Sie einer der letzten wirklichen Kavaliere auf dieser Welt sind.
Mit ausgezeichnetem Gruße
Dorothea v. Raupel

Tagebucheintrag Olnigg

Ich, der letzte Kavalier auf der Welt?
Irgendwie sagt mir mein Gefühl, dass diese Aussage spätestens Samstag um 21:14 Uhr von der Realität eingeholt worden sein wird.
Das schaffe ich nie und nimmer, das kann niemals gut gehen. Ich soll also am Samstag gleichzeitig einen Drachen zu Filet verarbeiten, einer Versteigerung obsiegen und Henrik etwas runterholen? Praktisch mag mich gängige Technik in Form von Multitasking und paralleler Datenübertragung dazu befähigen und letztendlich auch veranlassen eine solche Herausforderung anzunehmen, aber irgendetwas tief in meinem Innersten signalisiert mir den Wunsch, am liebsten schon gestern nach Südamerika ausgewandert zu sein.

12. Das Vorkämpfen

Logdatei Onlinespiel FancyFun

Zawutsch: Hallo zusammen.
Baegstaeb: Ah, der Herr Zawutsch ist eingetroffen.
Heiland: Soso, dein Char heißt also tatsächlich Zawutsch.
Grujo: hah
Zawutsch: Vorab hätte ich eine Frage. Dieses Niederringen eines Drachen, wie viel Zeit veranschlagt ihr dafür?
Baegstaeb: Ist es denn dein erster Drache?
Zawutsch: Ach was, natürlich nicht. Aber es gibt doch sicherlich viele Verschiedene, Große, Kleine, Alte, Junge, Rote, Blaue und so?
Grujo: habt recht
Heiland: Ruhig Grujo, erstmal abwarten.
Baegstaeb: Wir wollen den Drachen in den Kristallbergen killen und uns seinen Goldschatz unter den Nagel reißen.
Zawutsch: Na dann lasst uns doch gleich losmarschieren. Wir können uns ja unterwegs etwas unterhalten.
Heiland: So viel Tatendrang? Das lob ich mir. So sei es, lasst uns gehen.
Zawutsch: Heiland, bist du der Gildenchef?
Heiland: Nein überhaupt nicht. Bei uns gibt es keine Hierarchie.
Baegstaeb: Heiland ist erst seit kurzer Zeit bei uns und wir sind keine von diesen militärisch angehauchten Powergilden, wir sehen alles etwas lockerer.
Grujo: nur lügen mögma net
Heiland: Grujo!
Baegstaeb: Warst du eigentlich schon einmal in einer anderen Gilde, Zawutsch?
Zawutsch: Ich? Nein, nicht dass ich wüsste. Warum fragst du?
Baegstaeb: Ach nur so, mir schien so, als hätte ich deinen Namen schon einmal im Zusammenhang mit einer Gilde gehört.
Zawutsch: Da musst du dich wieder einmal täuschen. Den Name Zawutsch gibt's hier im Spiel bestimmt genauso oft wie im richtigen Leben den Namen Olnigg.
Grujo: namen sin hier einzigartig
Zawutsch: So? Ja, aber vielleicht war es Zwutsch, Zautsch oder gleich Autsch?
Grujo: keine nuss nennt sich autsch

Heiland: Oho. Der Name Olnigg kommt mir aber auch sehr bekannt vor.
Zawutsch: Sag ich doch, ist ein Allerweltsname, den jeder kennt. Hast wahrscheinlich von dem berühmten Nobelpreisträger Professor Dr. Olnigg in der Zeitung gelesen? Oder vielleicht war es die bekannte Pornodarstellerin Olga Olnigg?
Heiland: Nein, Olnigg habe ich in einem anderen Zusammenhang gelesen.
Zawutsch: Ist doch völlig egal, erzählt mir lieber einmal, was ich bei dem folgenden Kampf zu beachten habe?
Baegstaeb: Okay. Also pass auf. Wir werden uns über die Gogorofwüste der Passhöhe annähern und zuerst die Wächter ausschalten.
Zawutsch: Wächter hat es da auch noch? Wir müssen zuerst noch mühsam Wächter aus dem Weg räumen? Erzähl bitte ganz genau und ausführlich.

Chat Susi Olnigg mit Henrik Jodlinger

Henrik: Susi! Melde dich endlich.
Susi: Bin doch schon da, mein lieber Henrik.
Henrik: Schon ist gut, meine Eingabetaste glüht bereits.
Susi: Ich musste eben nur noch auf Autorun schalten und bin jetzt ganz für dich da.
Henrik: Autorun? Sagt man das nicht, wenn man in einem Spiel eine Spielfigur von selbst rennen lässt.
Susi: Hihi, keine Ahnung mein Schatz. Ich sage das, immer wenn ich meine Kaffeemaschine einschalte.
Henrik: Schatz? Oho, das ist aber nett von dir.
Susi: Wir sind uns doch schon so nahe gekommen, da hast du diese Anrede verdient.
Henrik: Wo war ich gerade?
Susi: Du wolltest mir erklären, wie ich die Software DataSchubs auf meinem Computer installiere.
Henrik: Ja genau.
Susi: Brauchst du nicht, ich habe das bereits gemacht. Nenn mir die Login-Kennung und das Passwort, damit ich umgehend mit dem Download der Unterlagen beginnen kann.
Henrik: Die Installation hast du ganz alleine geschafft?
Susi: Lass mich raten, die Login-Kennung ist bestimmt Susi, und das Passwort hat sicher etwas mit mir zu tun.
Henrik: Du ängstigst mich.
Susi: Ist nur langjährige Erfahrung, mein Schatz.

Henrik: Soso. Erfahrung? Wo? In deinem Beruf?
Susi: Meinem Beruf? Ich bin jetzt unsicher, habe ich dir schon einmal einen Beruf genannt?
Henrik: Nicht dass ich wüsste.
Susi: Dann ist gut. Also weiter. Das Passwort hat sicher mit mir und einer herausragenden Eigenschaften von mir zu tun. Natürlich ohne zu beleidigen, sondern nur dezent darauf hinzuweisen.
Henrik: Du kennst mich gut.
Susi: Vorbau, nein zu primitiv für dich. Ohren? Nein, eine Spur zu dekadent. Bälle? Ja, Bälle wär gut, geometrischwissenschaftlich angehaucht aber immer noch frivol genug. Ist es Bälle?
Henrik: Ball. Es ist Ball und du machst mir jetzt wirklich Angst.
Susi: Weil ich so schlau bin?
Henrik: Weil du heute anders bist als sonst.
Susi: Ist wahrscheinlich nur der Stress oder treffender gesagt die Aufregung, schließlich begehen wir doch gerade einen Diebstahl und deswegen sollten wir jetzt auch schnell weitermachen, bevor jemand kommt und uns sieht und die Polizei ruft.
Henrik: Jemand kommt? Wer soll denn kommen? Du bist zu Hause und ich im Labor ganz alleine.
Susi: Die Putzkolonne zum Beispiel.
Henrik: Frau Zücürück aus Südanatolien soll auffallen, dass ich im Moment nicht wichtige chemische Analysen vornehme, sondern einen illegalen Datentransfer vorbereite?!
Susi: Zerstöre mir jetzt nicht meine Illusionen, sonst wird es nichts mit der Tittenshow.
Henrik: Oho! Tittenshow? Aber Susi, wie sprichst du denn heute?
Susi: Kann ich mich jetzt einloggen oder nicht?
Henrik: Nein, ich muss die Daten noch bereitstellen.
Susi: Das hast du noch gar nicht gemacht?
Henrik: Ich dachte ich müsste dir erst mühsam erklären, wie man die Software installiert.
Susi: Mühsam erklären? Ich bin doch nicht blond!
Henrik: Aber du sagtest doch du bist blond.
Susi: Natürlich ja, ich bin blond, wie sollte ich das vergessen. Aber ich meine ich bin nicht blödblond sondern nur blond und nicht blöd. Du bist ganz schön blond, nein blöd, wenn du mich für blond und blöd oder blondblöd hältst.
Henrik: Verstehst du das, was du sagst, wenigstens manchmal selbst?

Susi: Machen wir's so, du stellst jetzt die Daten bereit und meldest dich wieder, sobald du so weit bist und wir mit der Datenübertragung anfangen können.

Baegstaeb: Zawutsch?
Heiland: Aber, wenn es ein Verbindungsabbruch wäre, dann müsste der Character längst automatisch ausgeloggt sein.
Baegstaeb: Zawutsch?
Grujo: eingepennt
Heiland: Wahrscheinlicher ist Toilette.
Baegstaeb: Zawutsch?
Grujo: herzkasperl
Zawutsch: Was ist denn?
Baegstaeb: He Mann, wo warst du denn so lange?
Zawutsch: Ihr habt bemerkt, dass ich weg war?
Baegstaeb: Erst schrammst du an so ziemlich jedem Kaktus dieser Wüste vorbei, dann bist du bei der Begegnung mit einer Horde Dämonen einfach weitergelaufen und nun rennst du seit 5 Minuten gegen die Felswand hier.
Zawutsch: Das heißt ja, ihr habt es bemerkt, oder?
Grujo: hirnschlag
Heiland: Hör zu, wenn du eine kurze Pause brauchst, dann sag es einfach. Wir machen das genauso wenn wir wohin müssen, wenn du verstehst was ich meine?
Zawutsch: Ja genau, ich war auf der Toilette.
Grujo: durchfall?
Zawutsch: Ich kann mir nicht vorstellen, dass die Konsistenz meiner Exkremente Thema einer Gildenaufnahmeprüfung sein sollten.
Heiland: Grujo wollte nur sein Erstaunen zum Ausdruck bringen, weil es so lange gedauert hat.
Zawutsch: Abschließende Hygiene hat bei mir oberste Priorität.
Baegstaeb: Hast du ein Vollbad genommen?
Zawutsch: Was jetzt? Wir sind doch jetzt hier in den Bergen angekommen. Lasst uns endlich die Wächter umsemmeln!
Heiland: Er hat recht. Wir sollten endlich spielen und nicht debattieren. Ich werde jetzt mit den Buffs beginnen.
Zawutsch: Ja, bitte statte uns alle mit temporär anhaltenden und die Attribute verbessernden Schutzzaubern aus.
Baegstaeb: ?
Grujo: ?
Zawutsch: Was? Um Himmels willen nein, ich bin kein RPGler! Das sollte nur ein Scherz sein.

Baegstaeb: Hehe.
Grujo: puh
Baegstaeb: Gut, da Zawutsch vorhin offline war als ich unseren Angriffsplan für die Wächter erklärt habe und er meinen Text wahrscheinlich auch nicht so schnell in den Niederungen seiner Logdatei wiederfinden dürfte, jetzt noch einmal in der Kurzfassung.
Grujo: ach nee
Baegstaeb: Bist du noch da Zawutsch?
Zawutsch: Ja, natürlich. Als ob ich schon wieder aufs Klo müsste. Fang ruhig an zu erzählen. Ich werde lauschen.

Henrik: ICH BIN SOWEIT!!!!!!
Henrik: ICH BIN SOWEIT!!!!!!
Henrik: ICH BIN SOWEIT!!!!!!
Susi: Jaja, bin schon da. Musste nur schnell meinen Kaffee einschenken, mein lieber Schatz.
Henrik: Das war niemals eine Tasse. Das muss eher ein Eimer gewesen sein.
Susi: So, ich habe mich eingeloggt und den Transfer gestartet. Wie lange wird der denn brauchen, mein Schatz?
Henrik: Oho, deine Leitung ist nicht die Schnellste und die zu übertragenden Dateien bestehen aus byteintensiven Scans.
Susi: ZEIT! ICH WILL EINE ZEITANGABE SCHATZ!!!!
Henrik: Halbe Stunde ungefähr.
Susi: Gut bis dann, Schatz.

Baegstaeb: Ob du das kapiert hast, Zawutsch?
Zawutsch: Sicher, mein Schatz.
Baegstaeb: Schatz? Bitte?
Grujo: schatz? wo isn schatz?
Heiland: Wen meinst du mit Schatz?
Zawutsch: Muss ich denn immer alles bestätigen und erklären? Ich muss schon sagen, ihr seid eine sehr pingelige Gilde.
Heiland: Also gut, geh jetzt los und pull die Wächter so wie Baegstaeb es vorgeschlagen hat.
Zawutsch: Genau, das ist gut. Ich geh alleine voraus und hole einen Wächter.
Baegstaeb: Nein ZWEI sagte ich, wenn wir die vier Wächter einzeln angehen brauchen wir unnötig lange.
Zawutsch: Schon gut, bin schon unterwegs.
Heiland: Lasst uns auf Gruppenchat gehen.

Gruppenchat Onlinespiel FancyFun

Heiland: Kommst du voran Zawutsch?
Zawutsch: He Leute, und wenn ich keine Wächter finde?
Grujo: back dir einen
Baegstaeb: Die sind nicht zu übersehen. Der Zeit nach müsstest du jetzt schon in ihrer Nähe sein.
Heiland: Es sei denn, jemand ist unmittelbar vor uns hier vorbeigekommen und hat sie bereits alle erledigt.
Zawutsch: Das wär doch gut, dann könnten wir gleich weiterwandern.
Heiland: Nein, dann müssten wir auf den Respawn warten, weil einer der Wächter den Schlüssel zum Drachenhort bei sich trägt.
Zawutsch: Dieses Wiederauftauchen von getöteten Monstern, wie lange dauert das bei den Wächtern hier?
Baegstaeb: Geht schnell, maximal eine Viertelstunde.
Zawutsch: Eine Viertelstunde? Das ist gut. Dann sehe ich nämlich gerade keine.
Grujo: damn
Baegstaeb: Kein Problem, dann warten wir solang.
Zawutsch: Nervt mich jetzt aber bitte nicht wieder mit irgendwelchen Fragen, ich werde nämlich hochkonzentriert auf die Wächter warten.

Susi: Na, Henrik. Alles im grünen Bereich?
Henrik: Soso, du bist also wieder da.
Susi: Läuft der Transfer?
Henrik: Ja, 22 Prozent haben wir schon, aber kann ich dich was fragen?
Susi: Aber nur eine Frage, und die hast du leider soeben gestellt. Ich muss weiter und mich jetzt noch einmal um meine Kaffeemaschine kümmern.
Henrik: Hmm
Susi: Gnädigste, sind Sie da?
Henrik: Redest du immer so mit deiner Kaffeemaschine?
Susi: Verdammt! Ja tu ich, das tut man, wenn man sehr einsam ist.

Chat Olnigg mit Dorothea Raupel

Olnigg: Gnädigste, sind Sie da?
Raupel: Welch Zufall, werter Herr Olnigg, ich habe mich auch eben erst eingefunden, und ich befürchtete schon Sie würden mir ob meiner deutlichen Verspätung zürnen.

Olnigg: Aber Frau von Raupel, wie könnte ich jemanden wie Ihnen zürnen?
Raupel: Sie haben Recht, verzeihen Sie mir. Meine Einschätzung Ihnen gegenüber hat sich in der Vergangenheit schon zu oft als nicht zutreffend erwiesen und ich bereue zutiefst, diesen Fehler immer wieder aufs Neue zu begehen.
Olnigg: Aber einen Vorhalt muss ich Ihnen schon machen, Gnädigste.
Raupel: Oh, das verwundert mich eine Spur mehr als etwas. Von welcher Art und Weise wäre dieser Vorhalt?
Olnigg: Sie sagen mir letztens, man solle sich bei einer Auktion kurz fassen und im Moment sind Sie es die Worte verliert wie ein Strahlungsopfer Haare.
Raupel: Sie haben recht, Herr Olnigg. Und wie recht Sie haben.
Olnigg: Welche Auktion soll ich aufrufen?
Raupel: 1127890.
Olnigg: 1127890. Nachttopf, klassisch?!
Raupel: Genau dieses kostbare Objekt will ich heute ersteigern.
Olnigg: Einen Topf der Nacht? Keine Vase?
Raupel: Nein, an diesem antiken Kunstgegenstand ist eine Kundin von mir interessiert, die Gräfin von Horn und Haxe.
Olnigg: Also schnelles Geld, wenn Sie dieses mittelalterliche Campingklo billig ersteigern und dann in unmittelbarer Folge wesentlich teurer verscherbeln können?
Raupel: Ich hätte es geringfügig gesellschaftsfähiger formuliert, aber ja, darauf läuft es hinaus.
Olnigg: Und dieser Topf ist soviel wert?
Raupel: Wenn Sie bitte die ausführliche Produktbeschreibung durchlesen wollen, dann werden Sie den wahren historischen Wert dieses Gegenstandes erahnen können.
Olnigg: Tut mir Leid, die Zeit habe ich momentan wirklich nicht. Ich vertraue ihrem Fachwissen.
Raupel: Keine Zeit? Wieso? Sind Sie parallel denn noch in anderen Geschäften tätig?
Olnigg: Keine Sorge, ich war schon auf dem Klo.
Raupel: Ich dachte eigentlich an eine etwas schicklichere Art von Geschäften.
Olnigg: Verzeihung, ich natürlich irgendwie auch. Würden Sie mir denn zürnen wenn dem so wäre?
Raupel: Aber Herr Olnigg, wie könnte ich jemanden wie Ihnen zürnen?
Olnigg: Wann beginnt denn die heiße Phase des Bietens?

Raupel: Das dauert noch einige Zeiteinheiten. Wenn Sie wollen, informiere ich Sie sobald die Phase der Endgebote anzubrechen beginnt, und Sie können bis dahin ungestört Ihrer anderen Tätigkeit nachgehen.
Olnigg: Gnädigste, Sie sind zu gütig und mein Dank wird Ihnen so gewiss wie meine Rettung sein.

Luftwächter trifft Zawutsch mit 902 Schadenspunkte
456 Schadenspunkte werden geblockt und durch Gockarts Rüstung des Todesreflexes an Luftwächter zurückgegeben
Erdwächter trifft Zawutsch mit 920 Schadenspunkte
460 Schadenspunkte werden geblockt und durch Gockarts Rüstung des Todesreflexes an Erdwächter zurückgegeben
Wasserwächter trifft Zawutsch mit 891 Schadenspunkte
445 Schadenspunkte werden geblockt und durch Gockarts Rüstung des Todesreflexes an Wasserwächter zurückgegeben
Feuerwächter trifft Zawutsch mit 990 Schadenspunkte
495 Schadenspunkte werden geblockt und durch Gockarts Rüstung des Todesreflexes an Feuerwächter zurückgegeben
Zawutsch nutzt Sausestiefel
Zawutsch rennt doppelt schnell
Zawutsch: Ich komme!!!!!!!!!!
Baegstaeb: Mach Ansage Mann! Alleine? Mit einem oder zwei Wächter?
Zawutsch: Mit allen vier.
Baegstaeb: ALLE VIER??? ICH GLAUB DEIN SCHÄDEL HAT EIN LECK!!!
Grujo: gud nacht
Heilland: Jetzt keine Panik Leute! Wie viel Schaden hast du ihnen denn bereits abgenommen und wem am meisten?
Zawutsch: Allen irgendwie gleichviel.
Heiland: Du musst doch irgendeinen als Ersten angegriffen haben, bevor die anderen Wächter dazugestoßen sind?
Zawutsch: Ich würde meinen zurückliegenden Angriff eher der passiven Natur zuordnen.
Baegstaeb: Das wird eng.
Grujo: evac?
Zawutsch: Evakuieren? Ihr wollt mich doch jetzt nicht alleine zurücklassen? Ich bin doch gleich da!
Heiland: Versuchen wir unser Glück. Aber sobald Zawutsch das Zeitliche segnet teleportierst du uns raus Grujo!
Grujo: und wie

Zawutsch: Na wie beruhigend, meine Leiche als allgemeines Rückzugssignal.
Baegstaeb: Hehe, dafür seid ihr Kämpfer nunmal da.
Zawutsch: Wenn mir der Herr Doktor bitte gleich nach dem Eintreffen eine Wagenladung Pflaster verpassen könnte?
Heiland: Wie viel HP hast du denn noch?
Zawutsch: 8
Baegstaeb: 8??
Grujo: sinds 40 wächter?
Heiland: Soso. Wie viele Runden hast du die denn auf dich einschlagen lassen, bevor du dich zur Flucht entschlossen hast?
Zawutsch: Erwähnte ich nicht bereits, dass mir diese vielen Rückfragen auf Dauer und in geballter Form keineswegs zusagen? Eine Felsecke noch und ich bin da.
Heiland vorbereitet Zauberspruch

Chat Olnigg mit Bertold Schwunterfeld
B.S.: Hallo Herr Olnigg?
B.S.: Ich wollte mich kurz nach dem Stand der Dinge erkundigen.
Olnigg: DU ATMENDER STÖRSENDER!!!! HALTS MAUL!!!! ICH VERRECKE HIER GLEICH!!!!

Heiland heilt Zawutsch mit 5000 Schadenspunkte
Grujo: boah
Baegstaeb: 5000 HP? Spinn ich? Was hast du denn für einen Char?
Zawutsch: Genau. Könnte der Herr Doktor bitte noch einmal richtig Hand anlegen. Du hast doch erst die Hälfte meiner HPs wieder hergestellt und die Wächter kommen gleich!
Heiland vorbereitet Zauberspruch
Heiland: ????
Baegstaeb: Ich meinte dich Zawutsch! Erst die Hälfte wieder hergestellt? Was hast du denn da für einen zweibeinigen Todesstern??!!
Grujo: cool
Heiland heilt Zawutsch mit 4876 Schadenspunkte
Heiland: OOM
Zawutsch: Das dürfte jetzt nicht der richtige Zeitpunkt sein, um mit dem Ausstoß von fernöstlichen Meditationslauten zu beginnen.
Heiland: OUT OF MANA HEISST DAS DU VIRTUELLER WELTUNTERGANG!!!!!
Grujo: evac?

Heiland: Zwei Heilsprüche und mein gesamtes Mana ist weg, das ist mir noch nie passiert.
Baegstaeb: Durch welches Item hat denn Zawutsch so viel Bonus HP?
Luftwächter trifft Zawutsch mit 880 Schadenspunkte
440 Schadenspunkte werden geblockt und durch Gockarts Rüstung des Todesreflexes an Luftwächter zurückgegeben
Luftwächter stirbt
Erdwächter trifft Zawutsch mit 915 Schadenspunkte
457 Schadenspunkte werden geblockt und durch Gockarts Rüstung des Todesreflexes an Erdwächter zurückgegeben
Erdwächter stirbt
Wasserwächter trifft Zawutsch mit 906 Schadenspunkte
453 Schadenspunkte werden geblockt und durch Gockarts Rüstung des Todesreflexes an Wasserwächter zurückgegeben
Wasserwächter stirbt
Feuerwächter trifft Zawutsch mit 985 Schadenspunkte
492 Schadenspunkte werden geblockt und durch Gockarts Rüstung des Todesreflexes an Feuerwächter zurückgegeben
Feuerwächter stirbt
Baegstaeb: Wenn ich das jemanden erzähle, dann glaubt der ich hätte keine Ahnung vom Spiel und meinen Char nur gekauft.
Zawutsch: So etwas würde ich nie machen.
Grujo: geil
Heiland: Ich glaub es einfach nicht. Du hast Gockarts Rüstung des Todesreflexes? Die ist unique! Das ist doch so unmöglich wie ein schneller GM.
Zawutsch: Wenn ich auch nur die Hälfte verstanden habe, aber das Letztere würde ich jederzeit unterschreiben.
Baegstaeb: Dass Zawutsch die nun hat, das glaub ich nicht.
Zawutsch: Können wir jetzt weiter? Ich hätte da noch etwas zu erledigen.
Baegstaeb: Ein cooler Hund bist du. Das muss man dir lassen. Hast soeben solo vier Wächter erlegt und bist schon wieder heiß darauf den Drachen zu erlegen.
Zawutsch: Der Drache, genau, den gibt's ja auch noch.
Heiland: Während wir zum Drachenhort gehen, könnte Zawutsch uns ja erzählen, wie er zu der Rüstung gekommen ist.
Zawutsch: Nein, Zawutsch braucht jetzt erst einmal eine Pause.
Grujo: schon wieda?
Baegstaeb: Hast du einen Darm oder eine Klärgrube im Dauerbetrieb?

Heiland: Nur zu. Schalte auf Autofollow und tu, was du nicht lassen kannst, bis zum Hort kommen keine Kämpfe mehr.
Zawutsch: Stimmt, an diese Funktion, die meinen Avatar automatisch der Gruppe folgen lässt, hatte ich noch gar nicht gedacht.
Baegstaeb: Eben. Vorhin als Heiland offline war, hat er das genauso gemacht und er ist trotzdem mit uns zusammen am Ziel angekommen. Nur du musstest stundenlang gegen die Felswand treten.
Heiland: Obwohl Zawutsch eher eine Autofollowfightandspeak-Funktion bräuchte.
Grujo: oda gleich autogame

Olnigg: Herr Schwunterfeld? Sind Sie noch da?
B.S.: Bin ich doch richtig? Ich dachte ich hätte eben die falsche Adresse eingegeben.
Olnigg: Was wollten Sie denn von mir?
B.S.: War das eben wieder Ihre eigenartige Form von Humor?
Olnigg: Ich? Nein? Ich dachte Sie hätten das eingegeben.
B.S.: In der Regel pflege ich eine Unpässlichkeit meinerseits in dezentere Worte zu hüllen. Ich dachte dieser Großbuchstabentsunami käme von Ihnen?
Olnigg: Nein, da muss eine Internetstörung vorgelegen haben. Wahrscheinlich hat sich da ein Router verfahren oder ein Backbone ist gebrochen.
B.S.: Soso. Wie Sie meinen, Sie sind der Fachmann und müssen die Materie verstehen.
Olnigg: Was war denn nun Ihr Anliegen?
B.S.: Ich wollte mich nach dem aktuellen Stand der Ermittlungen erkundigen. Sind Ihre Recherchen inzwischen erfolgreich gewesen?
Olnigg: Es freut mich Ihnen mitteilen zu können, dass ich unmittelbar vor dem Abschluss stehe. Allerdings bin ich gerade in diesem Augenblick damit beschäftigt wichtige Beweise zu sichern. Es wäre gut, wenn wir die Dauer dieser Kontaktaufnahme auf ein Minimum beschränken könnten.
B.S.: Oho. Das freut mich zu hören. Weiß man denn schon, von welcher menschlichen Ressource ich mich zu trennen habe?
Olnigg: Ich bedaure jetzt nicht tiefer ins Detail gehen zu können, aber es sei die Andeutung erlaubt, dass Ihre weitere Produktentwicklung durch anstehende Personalprobleme ein wenig leiden könnte.

B.S.: Ich verstehe. Bringen Sie mir die Beweise und ich bringe Ihnen Ihr Honorar, wenn Sie verstehen was ich meine?
Olnigg: Ja, legen Sie ruhig schon einmal PIN und TAN bereit.
B.S.: Ich soll mit einer Nadel gerben?
B.S.: Herr Olnigg?

Susi: Henrik, wie weit?
Henrik: 84 Prozent. Der Transfer wird bald abgeschlossen sein.
Susi: Sehr gut, dann brauchst du mich ja nicht mehr.
Henrik: Oho und wie! Diese Software DataSchubs hat da ein kleines Manko beim Beenden des Datentransfers.
Susi: Manko? Kenn ich den?
Henrik: Wenn 100 Prozent erreicht sind, musst du binnen 5 Minuten den Transfer manuell durch Eingabe einer 25-stelligen Codesequenz beenden, ansonsten kappt DataSchubs die Leitung und die bis dahin nur temporär gespeicherten Transferdaten werden wieder gelöscht.
Susi: Das klingt danach, als hätte ein als Kanalreiniger getarnter Geheimagent diese Software erstellt.
Henrik: Das dient dazu zu gewährleisten, dass nur der wirkliche Empfänger mit den verschlüsselten Daten etwas anfangen kann.
Susi: Und wieso das Zeitlimit?
Henrik: Um im Falle des Vergessens zu verhindern, dass sich zu einem späteren Zeitpunkt jemand an dem PC setzt und den Datentransfer vollendet.
Susi: Das ist doch überflüssig, wenn man noch extra einen Schlüssel haben muss.
Henrik: Also gut, ich erkläre es dir etwas ausführlicher.
Susi: NEIN, das war genug der Erklärungen.
Henrik: Ich melde mich, wenn wir bei 100 Prozent sind.
Susi: Ich befürchte es.

Olnigg: Was macht der Nachttopf Gnädigste?
Raupel: Es sind nur noch wenige Augenblicke, bis die Versteigerung in die entscheidende Phase geht und Sie Ihr erstes Gebot abgeben müssen. Ich hoffe Sie haben Ihre anderen Geschäfte erfolgreich zum Abschluss bringen können.
Olnigg: Kann man die „wenige" in Zahlen und die „Augenblicke" auch in Zeiteinheiten ausdrücken?
Raupel: Soll das heißen Sie sind immer noch anderweitig beschäftigt? Herr Olnigg, lassen Sie mich bitte nicht im Stich!
Olnigg: Ich melde mich gleich wieder.

Raupel: Herr Olnigg! Seien Sie bitte nicht der Anlass mein Engagement für die Wiedereinführung der Guillotine wieder aufzunehmen.
Raupel: Herr Olnigg!!
Zawutsch: Sind wir jetzt endlich beim Drachen angekommen und können ihm in den Hort treten?
Baegstaeb: Das brauchen wir nicht mehr. Vor lauter Warterei auf uns dürfte der inzwischen verhungert sein.
Heiland: Was immer du in den Pausen machst, aber ich bin mir hundertprozentig sicher, dass es nicht normal ist.
Grujo: darmspühlung?
Zawutsch: Verhungern ist gut, essen noch besser. Es würde euch sicher nicht stören, wenn ich mir noch schnell etwas zu Essen mache?
Baegstaeb: Aber nur zu, und darf es hinterher noch ein kleines Verdauungsschläfchen sein?
Grujo: friss mein zeh
Zawutsch: Grujo, sagt anscheinend nein und Baegstaeb ein klares Ja. Mit meiner Stimme steht es dann 2 zu 1 für die Nahrungsaufnahme. Und wie stimmst du Heiland?
Baegstaeb: Ich glaub mein Chat-Fenster will mich verarschen!
Heiland: Wenn du jetzt nicht sofort deinen fetten Hintern hochbekommst und mit uns den Drachen massakrierst dann endet dein Aufnahmetest so schnell und eindeutig wie bei einem Führerscheinprüfling, der auf der Autobahn das Einparken vorführen will, wenn du verstehst was ich meine?
Grujo: kickn wirn doch gleich
Zawutsch: Na gut, aber dann lasst uns jetzt schnell machen, sehr schnell.
Heiland: Oho. Das klingt doch schon wesentlich besser. Da Zawutsch nicht zuletzt durch seine Rüstung genug Schaden macht, wird er den ganzen Kampf lang die Aggro des alten Dog halten.
Zawutsch: Ich soll das alte Schoßhündchen dieses Drachens erledigen? Kein Problem. Gibt es vielleicht als Zugabe noch einen jungen Wellensittich?
Heiland: Dog ist die Abkürzung für Doggobar du Onlineschnuller! Hast du denn noch nie etwas von FancyFuns ältestem Drachen gehört?
Baegstaeb: So mögen wir es. Immer nur stupide auf Mobs eindreschen und sich niemals um die sehr interessante Hintergrundgeschichte kümmern.

Grujo: jau so mag ichs
Baegstaeb: Aber Grujo?
Zawutsch: Weiter jetzt! In der Zwischenzeit hätte ich mir ein vier Gänge Menü auftauen können.
Heiland: Ich werde die ganze Zeit über Zawutsch heilen und in den Pausen meditieren.
Zawutsch: Pausen? Meditieren? Einfach so rumsitzen? Da hätte ich doch lieber den Heiler gespielt und rumgesessen und die viele Freizeit genossen.
Grujo: wieso rumsitzen?
Baegstaeb: Weißt du denn nicht, was Meditation bei Magiern bewirkt?
Heiland: Wie soll ich denn sonst meine Zauberkraft regenerieren, um deine HP-Massen heilen zu können?
Zawutsch: Ach deswegen rumsitzen, gell Grujo! Und sowas weißt du nicht? Du bist doch auch ein Zauberer.
Grujo: aba ich wusst es
Zawutsch: Na hoffentlich. Los weiter. Was haben Baegstaeb und Grujo zu tun?
Heiland: Die machen Dam, aber ohne Zawutsch die Aggro zu nehmen.
Zawutsch: Grujo, weißt du denn wenigstens was Dam ist?
Grujo: sicha
Zawutsch: Na los, na? Was ist es?
Grujo: damage
Zawutsch: Schaden. Genau. Na also.
Grujo: bin doch nich blöd
Heiland: Richtig, Grujo.
Zawutsch: Das war's? Dann los.
Heiland: Genau. Auf zum Angriff!
Baegstaeb: Attackeeeeeeeeeeeeeeeeeeeeee!!
Zawutsch: Oder so.
Grujo: damn ich kenn doch dam!!!!!!!!

13. Ein Schlachtfeld

Gruppenchat Onlinespiel FancyFun (Fortsetzung)
Doggobar trifft Zawutsch mit 1510 Schadenspunkte
755 Schadenspunkte werden geblockt und durch Gockarts Rüstung des Todesreflexes an Doggobar zurückgegeben
Grujo vorbereitet Zauberspruch
Baegstaeb trifft Doggobar hinterrücks mit 456 Schadenspunkte
Heiland vorbereitet Zauberspruch
Doggobar vorbereitet heiße Luft
Zawutsch: Heiße Luft? Will der uns fönen?
Baegstaeb: Das ist sein Feuerodem! Schnell unterbrich ihn!
Zawutsch: Ich hätte zu Hause eine Hochleistungspumpe, die würde uns hierbei gute Dienste leisten können.
Grujo: nach dog mach ich zawi kalt
Grujo verbrennt Doggobar mit 989 Schadenspunkte
Doggobar wird heiße Luft unterbrochen
Baegstaeb: Zawutsch! Das wäre deine Aufgabe gewesen, pass doch besser auf!
Zawutsch: Das ist bei diesen Systemmeldungen nicht gerade einfach. Da waren keine Über- sondern Übelsetzer am Werk.
Doggobar trifft Zawutsch mit 1480 Schadenspunkte
740 Schadenspunkte werden geblockt und durch Gockarts Rüstung des Todesreflexes an Doggobar zurückgegeben
Heiland heilt Zawutsch mit 5000 Schadenspunkte
Heiland vorbereitet Meditation
Zawutsch: Oh verdammt.
Baegstaeb: Was ist? Sag bloß deine Rüstung geht langsam kaputt?
Zawutsch: Nein, ich brauche jetzt eine Pause.
Baegstaeb: WAS??? ICH GLAUB MEINE MAUS KOTZT!!!! NICHT JETZT!!!!
Zawutsch: Doch, muss sein.
Baegstaeb: Du kannst doch jetzt keinen Break machen! Ohne Warrior werden wir eingeebnet. Ist dein Hirn nun gänzlich geronnen?
Grujo: mach in die hose!

Henrik: Datentransfer fertig und du hast noch 4 Minuten für den Abschluss!!!!!

Henrik: Datentransfer fertig und du hast noch 3,5 Minuten für den Abschluss!!!!!
Henrik: Datentransfer fertig und du hast noch 3 Minuten für den Abschluss!!!!!

Raupel: Bieten Sie endlich! Es ist soweit!
Raupel: Herr Olnigg, bitte tun Sie mir das nicht an! Sie ruinieren mich. Bitte bieten Sie!!
Raupel: Wo sind Sie bloß?
Raupel: Männer!!!!

Doggobar trifft Zawutsch mit 1450 Schadenspunkte
725 Schadenspunkte werden geblockt und durch Gockarts Rüstung des Todesreflexes an Doggobar zurückgegeben
Baegstaeb: DU GIPSKOPF!!! KOMM SOFORT ZURÜCK!!!
Zawutsch: Was denn?
Baegstaeb: Ist dir denn schon aufgefallen, dass du bis jetzt noch kein einziges Mal mit deiner Waffe zugeschlagen hast?!
Grujo: aggroaggroagrro!!!!!
Zawutsch: Aber ich mach doch mit meiner Rüstung schon sehr viel Schaden.
Baegstaeb: Ja aber nicht genug um die Aggro zu halten und zieh endlich dein Schwert, bevor uns der Drache röstet!
Baegstaeb trifft Doggobar hinterrücks mit 488 Schadenspunkte
Grujo verbrennt Doggobar mit 1097 Schadenspunkte
Doggobar vorbereitet heiße Luft
Grujo: oh nein
Baegstaeb: Zawutsch!! Unterbrich den Drachen! Unterbrich den Drachen! Der flambiert uns gleich!!

Olnigg: Du alter Drache, warum lässt du mich nicht einfach in Ruhe?!
Raupel: Aber Herr Olnigg, wie reden Sie denn plötzlich mit mir? Das war doch so abgesprochen mit dem Bieten.

Susi: Und was soll ich bieten?
Henrik: Der Anblick deines Oberbaus war doch ausgemacht, aber gib vorher noch das die Kennung BzR4o-Wö8hh-Zplex-56TtZ-Lo5ll ein. Du hast noch eine Minute!

Doggobar verheiße Luft Zawutsch mit 2040 Schadenspunkte
Doggobar verheiße Luft Baegstaeb mit 2040 Schadenspunkte

Doggobar verheiße Luft Grujo mit 2040 Schadenspunkte
Grujo stirbt
Doggobar verheiße Luft Heiland mit 2040 Schadenspunkte

Susi: Henrik da?
Henrik: Ja.
Susi: Schnell! Was steht am Ende? Kleines L oder großes I?

Olnigg: Raupel da?
Raupel: Natürlich, oder denken Sie ich würde in einem solchen Augenblick eine Weltreise antreten?
Olnigg: Hab keine Zeit mehr. Meine Login-Kennung beim Auktionshaus ist „Olnigg", das Codewort „Vasenwally". Machen Sie den Rest für mich.

Doggobar trifft Zawutsch mit 1583 Schadenspunkte
791 Schadenspunkte werden geblockt und durch Gockarts Rüstung des Todesreflexes an Doggobar zurückgegeben
Baegstaeb trifft Doggobar hinterrücks mit 517 Schadenspunkte
Baegstaeb: Du virtuelle Schikane! Du globale Binärkatastrophe! Du gemeingefährlicher Onlinelurch!
Grujo: imma ich zuerst

Susi: Was muss ich eingeben?
Henrik: Schnell, du hast nur noch 30 Sekunden! Erst I wie Ines und dann L wie Lecken.
Susi: Alles okay! Datei da, ich weg.

Olnigg: Klappt alles?
Raupel: Danke. Es funktioniert alles bestens. Ich kann bieten und es steht gut für mich. Sie sind doch ein Engel.
Olnigg: Viel Glück! Bin weg.

Doggobar verheiße Luft Zawutsch mit 2120 Schadenspunkte
Doggobar verheiße Luft Baegstaeb mit 2120 Schadenspunkte
Baegstaeb stirbt
Doggobar verheiße Luft Heiland mit 2120 Schadenspunkte
Heiland stirbt
Zawutsch vierfachtreffert mit Götterschwert der ultimativen Zellverwüstung
Zawutsch trifft Doggobar mit kritischem Treffer mit 6700 Schadenspunkte

Zawutsch trifft Doggobar mit kritischem Treffer mit 5891 Schadenspunkte
Zawutsch trifft Doggobar mit kritischem Treffer mit 6344 Schadenspunkte
Zawutsch trifft Doggobar mit kritischem Treffer mit 7021 Schadenspunkte
Doggobar stirbt
Zawutsch: Yeah! Wir haben es geschafft!
Zawutsch: Hallo?
Baegstaeb: Du hast es geschafft.
Zawutsch: Vielen Dank für das Lob. Genau, ich hab es geschafft.
Baegstaeb: Mein Satz enthielt genauso viel Lob, wie dein Kopf Gehirnmasse.
Zawutsch: Oh, du wirst mir doch nicht übel nehmen, dass ihr schon wieder abgekratzt seid?
Baegstaeb: Schon wieder? Sehr interessant. Erzähl nur weiter.
Zawutsch: Ach nichts.
Baegstaeb: Drei gegrillte Gruppenmitglieder nennst du Nichts?!
Zawutsch: Zugegeben, es hat bei unserer Drachenjagd ein paar geringfügige Rückschläge gegeben, aber es ist doch das Ergebnis, das am Ende zählt, oder?
Baegstaeb: Geringfügige Rückschläge? Als was würdest du denn den Untergang der Titanic bezeichnen? Als Survival-Kreuzfahrt? Oder eigenwillige Eiswürfelproduktion?
Zawutsch: Das klingt ein wenig verbittert.
Baegstaeb: Ein wenig? Wer fühlt sich schon gut, wenn er gerade frisch aus dem Backofen entlassen wurde?
Zawutsch: Wo sind denn die anderen? Warum sagt ihr denn nichts?
Grujo: gequirlte wortkacke
Zawutsch: Das war nicht ganz die Reaktion, die ich erwartet habe. Und du Heiland? Was hast du anzumerken?
Baegstaeb: Der ist nicht mehr online. Nachdem er von der Drachenabluft gegart worden ist, hat er sich ohne Kommentar ausgeloggt.
Zawutsch: Schade, ich wollte ihn doch noch etwas sehr Wichtiges fragen.
Baegstaeb: Wo man Brandsalbe kaufen kann?
Zawutsch: Ach was, aber das ist jetzt auch egal. Bin ich denn wenigstens durch meine abschließende Heldentat in eure Gilde aufgenommen?
Grujo: gullifüllung

Baegstaeb: Sehr richtig Grujo. In einem Gulli wäre Zawutsch besser aufgehoben als in unserer Gilde.
Zawutsch: Na kommt jetzt, so schlimm ist es doch auch nicht zweimal, ich meine einmal durch meine Schuld zu sterben.
Baegstaeb: Sag mal, willst du uns noch weiter für dumm verkaufen? Unser Tod ist uns doch völlig egal, das kann doch immer einmal passieren.
Zawutsch: Was dann? Meine Verdauungspausen?
Baegstaeb: Nein, deine Schmierenkomödie und dein primitiver Streich, oder soll ich sagen Racheakt, widert uns an.
Zawutsch: Ich verstehe überhaupt nichts mehr. Was soll ich denn sonst noch verbockt haben?
Baegstaeb: Hör zu, du Onlinekomiker, entweder bist du der dämlichste Newbie der auf diesem Server rumläuft oder der scheinheiligste Grottenkopf, mit dem ich jemals in einer Gilde zusammen gewesen bin.
Zawutsch: Wie? Was? Heißt das ich bin doch aufgenommen?
Baegstaeb: Natürlich nicht, du gelebter Kopfbruch. Das heißt, dass du ein Jahr lang unserer Gilde angehört hast bevor du vor drei Monaten ausgestiegen bist und solo durch die Lande ziehen wolltest.
Zawutsch: Oh.
Baegstaeb: Mach ein Ohweh draus.
Zawutsch: Zawutsch war der Kämpfer, der vor mir in eurer Gilde war und den ich ersetzen sollte?
Baegstaeb: Anfangs dachten wir alle noch das wäre deine recht seltsame Art um eine Wiederaufnahme bei den MetzelAssen zu bitten, aber uns dann aus Spaß absichtlich im Kampf vom Dog einstampfen zu lassen ist mehr als schäbig.
Zawutsch: Ich verstehe.
Baegstaeb: Ich wiederhole trotzdem. Entweder bist du einer von den neureichen Newbiemaden, die meinen sich ohne Spielleistung hier einkaufen zu können, oder du hast uns hier eine perfekte Show abgeliefert und uns den Dünngeist nur vorgespielt um uns absichtlich an Doggobar zu verfüttern.
Grujo: beides säähr ätzend
Baegstaeb: Beides wäre Grund genug einen GM zu rufen und um seine Meinung zu fragen.
Zawutsch: Einen GM?! Alles nur das nicht!
Baegstaeb: Wie wäre denn deine Erklärung?

Zawutsch: Und wenn dieser alte Zawutsch vor drei Monaten seinen Avatar gelöscht hat und ich meinen neuen Avatar rein zufällig genauso benannt hätte, würde mich das retten?
Baegstaeb: Einen Kämpfer in 3 Monaten auf Level 50 zu bringen mag gehen, aber Gockarts Rüstung hättest du dir niemals in dieser Zeit beschaffen können und von deiner todbringenden Metzelklinge, die auch ziemlich einmalig ist, ganz zu schweigen.
GM Vasa: Hallo zusammen.
Zawutsch: Du hast schon einen GM gerufen?
Baegstaeb: Nein, ich wollte das erst unter uns abklären.
Zawutsch: Na Grujo kann es bestimmt nicht gewesen sein, der könnte ja nicht einmal das Problem schildern weil der spätestens nach dem zwanzigsten Buchstaben ins Koma fallen würde.
Grujo: boah du sau das is geloge
GM Vasa: Ein Spieler namens Heiland hat mich darüber informiert, dass er und seine Gilde Ärger mit einem unfair agierenden Mitspieler gehabt hätten?
Baegstaeb: Auch nicht der feine Zug von ihm. Das hätte er vorher mit uns absprechen sollen.
Zawutsch: Haben Sie es gehört Herr GM? Ihre Dienste sind nicht mehr erwünscht.
GM Vasa: Also hast du den Char nicht regelwidrig gekauft, sondern deinen Mitspielern bloß einen Streich gespielt?
Zawutsch: Woher sollte ich den 689 Euro haben, um so einen Avatar kaufen zu können?
GM Vasa: 689 Euro?
Zawutsch: Was gibt es denn für eine Strafe, wenn man seinen Mitspielern einen Streich wie diesen hier spielt? Wird man da auch gleich gebannt?
GM Vasa: Gibt nur eine Verwarnung, die im Account vermerkt wird.
Zawutsch: Na dann bin ich der alte Zawutsch.
Baegstaeb: Zawi, du alter Sack, du bist es also doch! Willkommen daheim bei den MetzelAssen.
Grujo: zawi hast uns drangegriegd
Zawutsch: Hi Baegistaebi du pfuschender Tagedieb. Hi Grujoi du einfältiger Funkensprüher, redest ja plötzlich wie ein Wasserfall.
GM Vasa: Dann wäre das ja geklärt und ich kann gehen.
Baegstaeb: Baegistaebi?
Grujo: Grujoi?
Zawutsch: Nur zu, gehen Sie ruhig!
GM Vasa: Stimmt was nicht?

Zawutsch: Nein, alles in bester Ordnung, Sie können jetzt wieder abschwirren!!
Baegstaeb: Baegistaebi? Bin ich denn ne Tunte?
Grujo: und ich n massagestab?
GM Vasa: Fühlt sich hier jemand von Zawutsch beleidigt?
Grujo: JETZT HAU SCHON AB, DU FEHLERHAFTES KNUSPERBROT UND SPIEL WOANDERS DEN DURCHGEKNALLTEN BYTEBULLEN!!!!
GM Vasa: Die Antwort lautet eindeutig ja.
Zawutsch vierfachtreffert mit Götterschwert der ultimativen Zellverwüstung
Zawutsch trifft GM Vasa mit kritischem Treffer mit 8510 Schadenspunkte
Zawutsch trifft GM Vasa mit kritischem Treffer mit 9023 Schadenspunkte
Zawutsch trifft GM Vasa mit kritischem Treffer mit 8444 Schadenspunkte
Zawutsch trifft GM Vasa mit kritischem Treffer mit 9322 Schadenspunkte
GM Vasa stirbt
Zawutsch: Nicht gerade stabil, diese Bytebullen.

14. Sprung in der Schüssel

Tagebucheintrag Olnigg

War das ein Stress. Da haben sich die Ereignisse nicht nur überstürzt sondern schon überschallmauert, und im Zuge der ganzen Hektik habe ich nunmehr den vierten FancyFun Account eingebüßt. Aber alles in allem war die ganze Aktion trotzdem sehr erfolgreich. Die Raupelgräfin dürfte mir gegenüber ob meiner vertrauensvollen Hilfestellung und Ihres wahrscheinlich zwischenzeitlich erfolgreich abgeschlossenen Topfgeschäftes mehr als dankbar sein und jetzt so viel Vertrauen zu mir gefasst haben, dass ich Sie vorbehaltlos über alle Arbeitskollegen bei der Schwunterfeld AG aushorchen kann. Einen ausführlicheren Kontakt zu diesem ominösen Detlef Diehl habe ich zwar immer noch nicht herstellen können, aber immerhin erfolgte ingame schon der erste Dialog. Wobei ich mir nicht mehr sicher bin, ob ich diesen Kontakt überhaupt noch ausbauen sollte, denn der krönende Höhepunkt der letzten Stunden war die von Freund Triebhenrik erfolgreich an mich durchgeführte Dateiübermittlung. Ich werde die Forschungsunterlagen jetzt noch einer kurzen Sichtprüfung unterziehen und dann umgehend an Herrn Schwunterfeld weiterleiten. Danach sollte das Einstreichen der zugesagten Belohnung nur noch eine reine Formsache darstellen.

Datei Schwunterfeld_Labor_Jodlinger_Geheim

<u>Schritt 34:</u> Entnehmen Sie, nach der Öffnung des beigepackten separaten Packbereiches, der mit dem zugehörigen Zubehör der vorliegenden Ergänzungseinheit versehen ist, alle separat und getrennt montierten Montageeinheiten und legen Sie diese wie in Abbildung 34.1.1. ff. dargestellt links in den oberen Bereich des rechten unteren Mittelträgers um die randseitige Zentralkomponente unter Vermeidung zentrifugal ausgerichteter Linearkräfte bündig auf eine überlappende Ebene mit dem tangential abstehenden Blockkant des quaderförmigen Schließkegels zu bringen und der temporären Stabilität der irreversiblen Verbindung durch redundante Wiederholung der Verbindungszuordnung dauerhafte Haltbarkeit im Bereich der materiellen Bezugsebene zu geben.
Fahren Sie nach dem erfolgreichen Zusammenbau des Gartentisches mit Schritt 35, dem Aufbau des portablen Swimming Pools, fort.

Email Susi Olnigg an Henrik Jodlinger

Hallo lieber Schatz Henrik,
dir muss da ein ganz dicker Fehler unterlaufen sein. Die geheimen Forschungsunterlagen lesen sich wie die Bauanleitung eines bekannten schwedischen Baum- und Schraubenverwerters, aber nicht wie irgendwelche geheimen Sockenkonstruktionsunterlagen. Ich befürchte wir müssen die Aktion noch einmal durchführen.
Bitte melde dich bald, es ist sehr dringend.
Liebe Grüße
Susi

Email Auktionshaus an Olnigg

Sehr geehrter Herr Olnigg,
hiermit bestätigen wir Ihnen den Zuschlag für folgende Auktion:
Auktion-Nr.: 1127890
Anbieter: Frau Dorothea Victoria Raupel
Objekt: 1 Nachttopf klassisch / einfarbig weiß
Beschreibung: Dieser formschöne Gebrauchsartikel steht in Verdacht aus der Zeit der napoleonischen Kriege zu stammen und den Heeresführern vor Schlachtbeginn als Entspannungsobjekt gedient zu haben. Leider handelt es sich hierbei um unbewiesene Gerüchte und somit kann keine Gewähr für diese Behauptung geleistet werden. Der Kauf erfolgt daher auf eigene Gefahr, eine Expertise ist nicht vorhanden.
Der Nachttopf ist nur bedingt funktionsfähig, da er im seitlichen Bereich einen Daumennagel großen Sprung aufweist. Zudem wird er auf der Unterseite durch ein schwer zu entfernendes Preisetikett einer bekannten Kaufhauskette verziert.
Startpreis: 1,00 Euro
Anzahl der Gebote: 1
Meistbietender: Olnigg
Letztes Gebot: 12.791,00 Euro
Wir danken für das in uns gesetzte Vertrauen.
Da Sie nachträglich unserem Abwicklungsverfahren Trusted Bidding zugestimmt haben, wurde zeitgleich mit dieser Email der Geldbetrag von Ihrem Girokonto abgebucht und dem Versteigerer gutgeschrieben.
Die ersteigerte Ware dürfte die nächsten Tage bei Ihnen eintreffen.
Wir wünschen Ihnen viel Freude mit dem erworbenen Objekt.
Ihr Auktionshaus

Email Olnigg an Dorothea Raupel

Sehr geehrte Frau von Raupel,
soeben habe ich eine Email von dem Auktionshaus bekommen in der mir mitgeteilt wurde, ich hätte von Ihnen einen Nachttopf für aberwitzige 12791 Euro ersteigert. Ich schätze die Damen und Herren von der Auktionsverwaltung sind ein typisches Negativbeispiel für Alkohol am Arbeitssplatz und haben da etwas durcheinander gebracht. Da Sie doch einen Gegenstand er- und nicht versteigern wollten, möchte ich Sie bitten, sich mit dem Auktionshaus in Verbindung zu setzen und das Missverständnis aufzuklären, zumal ich die Beschreibung des Versteigerungsobjekts weniger dem Realismus, sondern verstärkt der Satire zuordne. Wer aufgrund dieses Textes als erstes und einziges Gebot einen solch überhöhten Betrag für diesen Mistbehälter bietet, der muss seinen klaren Verstand bereits kilometerweit hinter sich gelassen haben. Einziger Trost bleibt mir, mich heimlich über das dumme Gesicht des Menschen zu freuen, der den, übrigens von mir niemals erteilten, Bankeinzug vornehmen will. Denn angesichts der Tatsache, dass meine finanziellen Mittel derzeit allerhöchstens zur kurzfristigen Finanzierung einer Brückenunterkunft ausreichen würden und ich zudem über keinerlei Dispositionskredit verfüge, sehe ich dem weiteren Verlauf der Verwechslung recht gelassen entgegen.
Mit freundlichen Grüßen
Olnigg

Brief Stadtsparbank an Olnigg

Sehr geehrter Herr Olnigg,
wir nehmen heute Kontakt mit Ihnen auf, da es im Bereich Ihrer Kontoführung einige Unstimmigkeiten gegeben hat.
So wurde unlängst von einem Auktionshaus der Betrag von 12.791,00 Euro eingefordert, welcher allerdings in keiner Relation zu ihrem damaligen Guthaben von 14,20 Euro stand.
Aber angesichts der Tatsache, dass Sie unserem Bankhaus in der Vergangenheit niemals Anlass zur Sorge bereitetet haben, Sie über ein regelmäßiges Einkommen verfügen und wir vor kurzem einen in ihrer Kontohistorie in dieser Höhe einmaligen Zahlungseingang von 2.500,00 Euro verzeichnen konnten, freuen wir uns Ihnen mitteilen zu können, dass wir Ihren Dispositionskredit völlig unbürokratisch zu einem wirklich günstigen Zinssatz von bisher 0,00 Euro auf 13.000,00 Euro erhöht haben. Somit stand einer Erfüllung der Geldforderung des Auktionshauses nichts mehr im Wege.

Wir hoffen Ihnen bei der Führung Ihrer Geldgeschäfte mit unserer dargebotenen Kulanz und kundennahen Weitsicht entscheidend weitergeholfen zu haben.
Mit freundlichen Grüßen
Ihre Stadtsparbank

Tagebucheintrag Olnigg

Drehen jetzt alle durch? Irgendetwas ist hier faul und schön langsam reift in mir der Verdacht, ich könnte in der zurückliegenden Korrespondenz so manchen entscheidenden Fehler übersehen habe.
Dieses Zusammentreffen von unglücklichen Ereignissen der letzten Zeit ist bei mir von so gehäufter Natur, dass ich es dieser Tage mit aller Kraft vermeiden sollte, mich in Abhängigkeit irgendwelcher gefahrbehafteter Gegenstände zu begeben wie zum Beispiel Minenfeldern, Bungeeseilen oder Zebrastreifen.
Die Gräfin schweigt beharrlich und langsam würde es mich nicht verwundern, wenn sie dieses Abbuchungsdesaster mithilfe meiner Zugangsdaten absichtlich herbeigeführt hat. Sollte ich etwa den triebkranken Henrik ungerechtfertigt als Firmendieb in Verdacht gehabt haben, vor allem da er mir ja letztendlich doch keinerlei Firmengeheimnisse verraten sondern nur versucht hatte mit dieser nichts sagenden Datei einen Blick auf meine Oberweite zu werfen. Wieso lässt er aber dann nichts von sich hören? Sein Sabber müsste doch bereits literweise aus meinem Emaileingangsordner triefen.
Irgendwie beschleicht mich das Gefühl, in dieser Sache suche nicht ich nach der Wahrheit, sondern ich werde von der Wahrheit heimgesucht.

Email Baegstaeb an Olnigg

Hi Olnigg,
sag mal hast du etwas vom Heiland gehört? Seit unserem Drachenausflug hatten Grujo und ich keinen Kontakt mehr zu ihm und auch auf Mails reagiert er nicht. Wir machen uns zwar keine Sorgen um ihn, aber seltsam ist es schon. Der war zwar erst zwei Wochen bei uns in der Gilde, aber inzwischen bin ich doch recht skeptisch ob ich die ihm in FancyFun geliehenen 200.000 Goldtaler jemals wiedersehen werde Naja, wenn er mich betrogen hätte und ich diesen GM-Petzer dafür nicht mehr sehen müsste, wär's auch nicht schlimm.

Ist dir eigentlich aufgefallen, dass Heiland bei unserem Drachenausflug, damals seit er sich zum Meditieren hingesetzt hatte, nichts mehr zum Kampf beigetragen hat? Selbst als wir durch deine Untätigkeit kurz vor dem Abnibbeln standen, hat er als Kleriker keinen Finger mehr gerührt um uns zu heilen, und dass obwohl er in seiner überlangen Meditationszeit mindestens zehn Mal sein komplettes Mana hätte aufladen können. Also dieser Schlafmütze weine ich bestimmt keine Träne nach. Hehe, vielleicht hatte er aber auch nur dieselben Darmprobleme wie du?

Seit deinem Bann spricht übrigens der halbe Server von Zawutsch, dem Krieger dem es als Ersten gelang einen GM aufzuschlitzen. Seit der Bug mit der Waffe und den bislang als unsterblich geltenden GMs bekannt ist, will jeder so ein Götterschwert haben. Haben grad keine lustige Zeit die Bytebullen.

Grujo und ich würden uns übrigens freuen, wenn der inzwischen legendäre Märtyrer Zawutsch bei uns in die Gilde einsteigen würde. Einzige Bedingung wäre, du kaufst dir dieses Mal keinen Char, sondern spielst ihn von lvl 1 an hoch. Ist erstens wesentlich billiger und zweitens würdest du endlich lernen das Leben deiner Gruppenmitglieder mitfühlender zu behandeln. Natürlich würden wir dich mit regelmäßigen Buffs unterstützen und dir als kleine Starthilfe eine Million Goldtaler schenken.

Bis dann
Baegstaeb

Tagebucheintrag Olnigg

Jetzt verstehe ich alles! Was war ich doch für eine intelligenzfreie Marionette! Man gebe mir sofort ein Küchenmesser, damit ich mich oder wahlweise 10 Buttercremetorten aufschlitzen und meinem Frust damit ein Ende bereiten kann.

15. Dämmerung

Gildenchat MetzelAsse

Skelettkrieger trifft Flohblut mit 108 Schadenspunkte
54 Schadenspunkte werden geblockt und durch Gockarts Rüstung des Todesreflexes an Skelettkrieger zurückgegeben
Flohblut vierfachtreffert mit Götterschwert der ultimativen Zellverwüstung
Flohblut trifft Skelettkrieger mit kritischem Treffer mit 8010 Schadenspunkte
Skelettkrieger stirbt
Flohblut steigt einen Level auf
Flohblut ist Level 24
Baegstaeb: Ich muss schon sagen, so schnell habe ich noch nie einen Krieger durch die ersten zwei Dutzend Level rauschen sehen. Noch dazu einen, der der Rasse der Gnome angehört.
Flohblut: Ich würde einmal ganz dreist behaupten, daran sind zwei Ausrüstungsgegenstände nicht gerade unmaßgeblich beteiligt.
Baegstaeb: War eine gute Idee von dir kurz vor deinem Bann mir noch schnell Schwert und Rüstung zu übergeben.
Flohblut: Und ein sehr fairer Zug von dir sie meinem neuen Avatar wieder auszuhändigen.
Baegstaeb: Fair? Nein. Normal? Ja. Eine Selbstverständlichkeit sollte niemals zum erwähnenswerten Ereignis werden.
Flohblut: Naja, wenn ich an den Betrüger Heiland alias Henrik alias Bertold denke, dann finde ich es schon erwähnenswert.
Grujo: 1 depp auf 999 helden
Baegstaeb: Jupp. In FancyFun gibt es sicher einige Egoisten und Gauner, aber nicht entscheidend mehr oder weniger als im richtigen Leben.
Grujo: war starke story
Baegstaeb: Ja, war eine aufregende Geschichte, die du uns da zu deinem Gildeneinstand gestanden hast. Ich kann das alles immer noch nicht glauben, über diese Stützstrümpfe und dem ganzen Betrug, der dahinter steckt.
Flohblut: Hat leider viel zu lange gedauert, bis ich den Braten gerochen habe. Naja, kann man nichts machen.
Baegstaeb: Was hat dich eigentlich auf die Spur gebracht, dass Heiland, Henrik Jodlinger und Bertold Schwunterfeld dieselbe Person sind?
Flohblut: Ihre Sprache. Nachdem ich in aller Ruhe meine Aufzeichnungen und Protokolldateien studieren konnte, bemerkte ich

bei allen Dreien eine sehr auffällige Häufung von Wörtern wie „Oho" und „Soso". Auch die Rewendung „wenn Sie verstehen was ich meine" wurde über Gebühr beansprucht.
Baegstaeb: Hehe, es kann anscheinend keiner auf Dauer seine Sprachhaut ablegen.
Flohblut: Im Nachhinein stellte ich sogar fest, dass selbst der Zahlendreher bei der ersten Internetauktion kein Zufall war und von der Raupel damals absichtlich provoziert worden ist, indem Sie mir die falsche Zahl genannt hat. Das alles geschah, um mich in ihre Schuld zu bringen und langfristig mein Misstrauen abzubauen.
Baegstaeb: Und die Raupel und der Heiland haben die ganze Show nur inszeniert, um dich um dein Geld zu prellen?
Flohblut: Ja, denn wer startet schon eine ausführliche Personenüberprüfung, wenn er 2500 Euro Vorschuss überwiesen bekommt, und vergewissert sich ob es sich bei der zugehörigen Emailadresse wirklich um den Firmenchef oder nur um einen Fakeanschluss innerhalb derselben Firma handelt.
Baegstaeb: Dieses Gaunerpärchen arbeitet tatsächlich bei der Schwunterfeld AG?
Flohblut: Nicht nur das. Meine nachträglichen Recherchen ergaben sogar, dass fast alles gestimmt hat. Henrik ist wirklich im Labor der Schwunterfeld AG tätig und die alte Raupel ist seine Sekretärin. Letztere wohnt auch in diesem großen Haus und verdient sich neben den Internetbetrügereien mit ihrem umfangreichen Vasenwissen noch ein weiteres gutes Zubrot.
Grujo: deppleg diehl?
Flohblut: Der war wie Schwunterfeld nur eine Weitere von Henriks gespielten Rollen. Im Endeffekt wurde ich, und vielleicht auch viele andere Opfer vor mir, von nur zwei Leuten betrogen.
Baegstaeb: Schon dreist sich erst das Vertrauen der Opfer zu erschleichen und diese dann am Ende übers Ohr hauen zu wollen.
Flohblut: Sprichst du jetzt von meinem ursprünglichen Plan oder von der Raupel?
Baegstaeb: Hehe, euer aller Fehler war, dass ihr alle nur das Gleiche wolltet.
Flohblut: Kann sein.
Grujo: die warn nur schnella
Flohblut: harhar
Baegstaeb: Hehe, Raupel trifft Olnigg mit 12791 Geldpunkten.
Grujo: olniggs konto stirbt

Flohblut: Zugegeben, mich während der Phase des größten Stresses dazu zu bringen meine Accountdaten freiwillig herzugeben hat schon sehr geniale Züge gehabt.
Baegstaeb: Und die Polizei hat nichts machen können?
Flohblut: Ach, diese unfähigen Beamten haben doch keine Ahnung von virtuellen Verbrechen.

Email Olnigg an Kriminalpolizei Bornstadt-Bollingen
Sehr geehrte Damen und Herren,
hiermit möchte ich einen Betrug zur Anzeige bringen und ich fordere Sie auf, mit geballter Polizeimacht gegen die Täter vorzugehen.
Der Sachverhalt stellt sich wie folgt dar:
Vor einigen Wochen nahm der Geschäftsführer der Schwunterfeld AG, Herr Bertold Schwunterfeld, mit mir Kontakt auf und bat mich unter Versprechung einer dicken Honorarzahlung herauszufinden wer ihm eine sehr seltene Sorte von Strümpfen gestohlen habe. Hierauf begann ich die Verdächtigen, einen Herrn Jodlinger und seine Sekretärin Frau von Raupel zu observieren und nachdem ich Henrik einen Sichtkontakt auf Susi's Brüste versprochen und die Raupel trotz meines anfangs offen zur Schau gestellten Strumpffetischismus Vertrauen zu mir gefasst hatte, war ich beinahe soweit den Fall erfolgreich abzuschließen, als es dann zu dem Unglück kam. Nachdem ich zusammen mit drei Kameraden, von denen mich dann später einer bei der Bytebullerei verpfiffen hat, erfolgreich die vier Wächter getötet hatte und kurz davor war das Drachengold an mich zu nehmen, stahl mir die Gräfin das Kennwort aus dem Mund und raubte mir so fast 13K Euro. Dann stellte sich heraus, dass die Geheimpläne nur zum Bau von Gartenmöbeln reichten und der Herr Schwunterfeld in Wirklichkeit durch den Jodlinger ersetzt worden war.
Jetzt habe ich jede Menge Schulden und brauche dringend ihre Hilfe.
Mir freundlichen Grüßen
Olnigg

Email Kriminalpolizei Bornstadt-Bollingen an Olnigg
Sehr geehrter Herr Olnigg,
trotzdem ich Ihren Brief mehrmals gelesen und meine Kollegen mit all ihrer langjährigen Berufserfahrung um zusätzlichen Rat gebeten habe, gelang es uns bis heute immer noch nicht herauszufin-

den, ob es sich bei Ihrem vorliegenden Brief um eine Anzeige oder um ein Geständnis handelt.
Trotz all unserer Skepsis veranlassten wir natürlich die Bereitschaftspolizei umgehend dazu, Herrn Schwunterfeld aufzusuchen, und wie von uns nicht anders erwartet, ist dieser ehrenwerte Geschäftsmann weder durch einen Herrn Jodlinger entführt, ersetzt oder anderweitig geschädigt worden, noch hatte dieser überhaupt irgendeine Kenntnis von einem Herrn Olnigg.
Wesentlich realer sehen wir die in Ihrem Brief unbewusst und zum Teil auch sehr offen eingestandenen Tatbestände, die Sie zur Selbstanzeige brachten. Von Zuhälterei und perversem Exhibitionismus bis hin zu bewaffnetem Überfall mit Todesfolge scheinen Sie nur wenig Straftaten ausgelassen zu haben. Aber gerade dieses Übermaß an angeblich begangenen Kapitalverbrechen veranlasst uns Ihren Brief als das zu sehen, was er am wahrscheinlichsten ist, der Hilferuf einer zutiefst verstörten Person.
Sollten Sie uns also binnen 7 Tagen ein ärztliches Attest vorlegen können in dem uns versichert wird, dass Sie sich zwischenzeitlich in psychologische Behandlung begeben haben, werden wir das vorliegende Schreiben als gegenstandslos ansehen und von etwaigen Vollstreckungsmaßnahmen absehen.
In der Hoffnung auf gute Besserung
Karl Kammerfass
Oberkommissar Kriminalpolizei Bornstadt-Bollingen

Gildenchat MetzelAsse (Fortsetzung)
Flohblut: Ich glaube die wollten mich einfach nicht verstehen.
Baegstaeb: Mails und Logdateien dürften eh nicht als Beweise zugelassen sein.
Flohblut: Das befürchte ich auch.
Grujo: shit happens
Flohblut: Zumindest hatte ich ein Erfolgserlebnis und es gibt wenigstens in FancyFun einen Betrüger weniger.
Grujo: guuud
Baegstaeb: Wie ist es dir eigentlich gelungen, dass die Bytebullen Henrik den Account gesperrt haben?

Logdatei Onlinespiel FancyFun
Petition von Flohblut: Ich möchte den Spieler Heiland anzeigen.
Flohblut fragt die Zeit: es ist 10:20:01 Uhr
Flohblut fragt die Zeit: es ist 10:22:54 Uhr
GM Dolb: Was hat der Spieler getan?

Flohblut: Er hat mich aufs Übelste beleidigt!
GM Dolb: Da er gerade auch im Spiel ist, schalte ich ihn zu unserem Gespräch dazu, dann kann er zu den Vorwürfen gleich Stellung nehmen.
GM Dolb: Hallo Heiland.
Heiland: Hallo GM Dolb.
GM Dolb: Der Spieler Flohblut behauptet du hättest ihn grob beleidigt. Stimmt das?
Heiland: Ich kenne überhaupt keinen Spieler mit Namen Flohblut.
GM Dolb: Flohblut, wie und warum hat er dich beleidigt?
Flohblut: Ich bin ja wie man an meinem niedrigen Level sieht noch sehr neu im Spiel und wohl das, was man einen Newbie nennt, aber ich glaube nicht, dass man mich so einfach beleidigen darf.
Heiland: Ich habe noch nie mit irgendwelchen Newbies zu tun gehabt, geschweige denn, dass ich einen beleidigt hätte.
GM Dolb: Was hat er denn gesagt?
Flohblut: Die genauen Zusammenhänge weiß ich auch nicht mehr, aber am Ende standen dann plötzlich solche Beleidigungen wie meine Eltern hätten Rückenpanzer getragen und ich würde zwei Lachsäcke mit mir rumtragen und viele andere ganz gemeine Ausdrücke.
Heiland: Das habe ich niemals in meinem Leben zu Flohblut gesagt.
GM Dolb: Rückenpanzer? Lachsäcke? Das kommt mir bekannt vor.
Flohblut: Das wundert mich nicht, denn als ich ihm drohte einen GM zu rufen, hat er behauptet sich von diesen denkfreien Zonen nichts gefallen zu lassen und sogar mehrmals von GMs wegen Beleidigung gebannt worden zu sei. Weiter sagte er, er wäre ein Killer und würde diese selbstherrliche Bande von GM-Primaten am liebsten alle killen.
Heiland: Wovon redet der bloß?
GM Dolb: Killen? Killer? An was erinnert mich das nur?
Flohblut: Ich fand das nicht lustig, das war kein guter Joke.
GM Dolb: KILLERJOE!! Jetzt fällt es mir wieder ein!
Heiland: Wovon redet ihr bloß?
GM Dolb: KillerJoe hat sich also einen neuen Account zugelegt und macht nun fröhlich weiter mit den Beleidigungen?
Heiland: KillerWer? Wer ist KillerJoe?
Flohblut: Er erwähnte dann noch etwas von einem GM Vollidiot, aber ich habe keine Ahnung, was er damit meinte.
GM Dolb: Aber ich schon, warte mal kurz.

Heiland: Ich kenne einen GM Vollidiot ebenso wenig wie diesen KillerDingens.
GM Volli: Du hast mich gerufen, Dolb?
GM Dolb: Ja, entschuldige die Störung. Ich hoffe ich habe dich nicht bei etwas Wichtigem gestört?
GM Volli: Nein, überhaupt kein Problem. Ich war eben nur auf dem Weg zu einem Spieler, an dessen Bindepunkt fälschlicherweise ein für ihn unbezwingbares Monster steht, und diesen Spieler nach jeder Neugeburt sofort wieder tötet. So etwas hat Zeit.
GM Dolb: Du erzähltest mir doch letztens etwas von einem Spieler, der dich Vollidiot genannt hatte.
GM Volli: Ja, Zapp hieß der. Den habe ich hochkant vom Server katapultiert.
GM Dolb: Ich glaube er ist in Form des Heiland wieder auferstanden.
Heiland: Das bin ich nicht, ich habe bestimmt noch nie mit diesem GM Vollidiot hier zu tun gehabt!!
GM Volli: Weiter geht's mit den Beleidigungen. Der Typ ist offensichtlich unbelehrbar.
Heiland: Drehen denn jetzt alle durch? Ich habe noch nie jemanden beleidigt, und auf keinen Fall diesen abgefuckten Spinner Flohblut hier!
GM Volli: Schon wieder eine.
Flohblut: Behauptest du etwa, ich hätte das alles erfunden, obwohl sich die GMs hier an dich erinnern?
Heiland: Wahrscheinlich hast du selber die ganzen Dinge angestellt!
Flohblut: Und dann habe ich nichts Besseres zu tun als einen mir völlig fremden Mitspieler zu beschuldigen, der mich nach eigener Aussage überhaupt nicht kennt, und mich dabei selbst der Gefahr auszusetzen, wegen falscher Anschuldigungen gebannt zu werden?
Heiland: Jawohl, du bist so verrückt.
Flohblut: Na da brauche ich mir nur deinen Avatarnamen anzusehen, und schon weiß ich was ich von dir zu halten habe.
Heiland: Wieso?
Flohblut: Ich Flohblut, ein Krieger derer von Kleinblut, einem der edelsten Stämme unter den ehrwürdigen Gnomvölkern, erkläre im Angesicht dieser beiden Edelmänner, dass der Name Heiland mit ernsthaftem Rollenspiel genauso wenig zu tun haben kann, wie gewollte Körperpflege mit dem damaligen Sturz unseres Stammeshäuptlings Großblut in einen Haufen Trolldung.

GM Dolb: Ich habe auch die Erfahrung gemacht, dass Rollenspieler sehr fair spielende und vor allem ehrliche Menschen sind.
Heiland: Aber es ist doch passend einen Kleriker Heiland zu nennen.
Flohblut: Könnte man dazu vielleicht auch blasphemisch sagen?
Heiland: Was hat ein Farbton damit zu tun?
Flohblut: Also du bist ja noch dümmer als ich dachte. Schön langsam glaube ich dir auch die Geschichte, du hättest einmal einen GM bestechen wollen deinen Avatar auf Level 50 zu heben.
GM Volli: Verdammt, das war auch ich!
GM Dolb: Dieser Heiland scheint ja ein spielender Hirntumor zu sein.
GM Volli: Spieler Heiland. Hiermit sperre ich dir nicht nur deinen Account, sondern ich werde auch unsere Accountverwaltung anweisen, nie mehr einen Neuaccount unter deiner Emailadresse, Postanschrift, Kreditkarteninformation oder Bankverbindung zuzulassen. Sollten wir in Erfahrung bringen, dass du dir trotzdem noch einmal Zutritt zu FancyFun verschaffst, dann werden wir zivilrechtliche Schritte gegen dich einleiten.
GM Dolb: Kurz gesagt, du hast ab sofort lebenslanges Spielverbot.
Nachricht von Flohblut an Heiland: Wie schade um dich. Ich hätte dir ingame noch gerne Susi's mächtige Milchdrüsendepots um die Ohren geschlagen.
Heiland: Du bist das al
GM Volli: So das war's. Der ist für immer weg.
GM Dolb: Danke dir Flohblut. Ich wollte alle Spieler wären so integer und vorbildlich wie du. Was meinst du, Volli? Sollen wir diesem Newbie ein wenig unter die Arme greifen?
GM Volli: Aber sicher doch. Den Ring of Minor Protection fände ich passend.
GM Dolb: Hier hast du ihn, Flohblut, und lass dich von menschlichem Treibgut wie diesem Heiland nicht nerven. FancyFun kann auch eine Menge Spaß bereiten.
Flohblut: Vielen Dank und es sei euch versichert, meine letzte Begegnung mit dem Heiland hat mit wesentlich mehr Spaß bereitet als es vielleicht nach außen hin den Anschein gemacht hat.

Gildenchat MetzelAsse (Fortsetzung)

Skeletthäuptling trifft Flohblut mit 145 Schadenspunkte
73 Schadenspunkte werden geblockt und durch Gockarts Rüstung des Todesreflexes an Skeletthäuptling zurückgegeben

Flohblut benutzt Ring des Jugendschutzes
Flohblut heilt Flohblut mit 72 Schadenspunkte
Flohblut vierfachtreffert mit Götterschwert der ultimativen Zellverwüstung
Flohblut trifft Skeletthäuptling mit kritischem Treffer mit 7998 Schadenspunkte
Skeletthäuptling stirbt
Flohblut steigt einen Level auf
Flohblut ist Level 25

16. Es raupelt im Karton

Gildenchat MetzelAsse (Fortsetzung)

Baegstaeb: Weißt du Flohblut, was das wirklich Schöne an Onlinespielen ist?
Flohblut: Dass man hier straffrei Gegner umbringen und dann ausrauben kann?
Baegstaeb: Das auch, aber bei all den vielen Spielern hier, weiß man eigentlich so gut wie nie, was sie im richtigen Leben für Berufe haben.
Flohblut: Ich vermute, dass sich von der Altersstruktur her hier sehr viele Schüler und Studenten verbergen.
Baegstaeb: Das mag mehrheitlich zutreffen, doch wenn ich Grujo und mich betrachte, sind wir schon ein paar Jährchen älter.
Flohblut: Das klingt, als ob du mir jetzt dein Testament diktieren wolltest.
Baegstaeb: Hehe, nicht im Geringsten, eher ein Hilfsangebot.
Flohblut: Inwiefern?
Baegstaeb: Ich bin im Berufsleben bei den Printmedien tätig, und vielleicht könnte ich dir bei deiner Rache ein wenig helfen.
Flohblut: In Form einer fetten Schlagzeile auf der Titelseite wie „Raupel-Connection zockt mit Nachttopf ab"?
Baegstaeb: Sowas befürchte ich, kann ich nicht durchdrücken. Ich bin leider kein Chefredakteur, sondern für einen anderen Bereich zuständig.
Flohblut: „Schwere Raupelschauer verwüsten Olnigg's Bankkonto"?
Baegstaeb: Auch nicht der Wetterbericht, sondern die Rubrik Klatsch und Tratsch im Lokalteil.
Flohblut: „Olnigg heiratet bestimmt keine Adlige"?
Baegstaeb: Nein, mir schwebt da etwas anderes vor, aber ich will dir nichts versprechen.

Brief Gräfin von Horn und Haxe an Dorothea Raupel

Werte Frau Raupel,
es ist nicht der besten Anlässe einer, weswegen ich heute den Kontakt mit Ihnen suche. Jedoch führten mich Entrüstung und Bestürzung zu dieser außergewöhnlichen Kontaktaufnahme an deren Vermeidung mir im Eigentlichen mehr gelegen hätte.

Gestern nahm ein mir namhaft bekannter Redakteur einer sicherlich auch von Ihnen gelesenen Tageszeitung Kontakt mit meiner Person auf und brachte mir eine ganz abenteuerliche Geschichte zu Ohren. Ohne in die äußerst pikanten Details gehen zu wollen, seien als delikate Andeutung zumindest die Worte „Enkel" und „endgeile Bürgerliche" erwähnt.
Natürlich suchte Hermann der IV. die Stressvermeidung anfänglich darin, indem er alles abstritt. Als ich aber signalisierte weniger ihm sondern vor allem einer im Klimakterium befindlichen Lustgreisin die Schuld an diesem gesellschaftlichen Fauxpas zu geben, und ihm androhte er könne bei weiterem Leugnen eher die Wiedereinführung der Monarchie als Staatsform erleben als seinen Ferrari jemals wieder zu berühren, wechselte er dann doch bereitwillig in das Lager der Geständigen.
Um nun auf den Anlass dieses Schreibens zu kommen, fordere ich Sie hiermit unwiderruflich dazu auf, mich aus Ihrer Kundenkartei zu streichen und zukünftig jeglichen Kontakt mit unserem Adelshaus im Allgemeinen und den Geschlechtsteilen meines Enkels im Besonderen zu vermeiden.
Ebenso erwarte ich von Ihnen die umgehende Zusendung eines Verrechnungsschecks in Höhe von 12791.- Euro, welche ich dem Redakteur im Falle eines freiwilligen Veröffentlichungsverzichts als materielle Entschädigung für den entgangenen Auflagen steigernden Effekt einer solchen Schlagzeile versprochen habe.
Als Aufhänger für die nächste Ausgabe sicherte ich ihm zudem einen kleinen im Inhalt ähnlichen Ersatzskandal zu, an dem Sie selbstverständlich ebenfalls wieder mit Beteiligung glänzen dürfen.
Wundern Sie sich also nicht, wenn Sie die nächsten Tage eine geringfügig von der Wahrheit differierende Geschichte über sich lesen werden. Natürlich steht Ihnen jederzeit frei ein Dementi verlautbaren zu lassen, so wie es mir frei stehen würde meinen Freunden, Bekannten und allen europäischen Adelshäusern ebenfalls den Verzicht auf einen Eintrag in Ihrer Kundenkartei nahe zu legen.
Mit offiziellem Gruße
Gräfin von Horn und Haxe

Zeitungsartikel Rubrik Vermischtes

Strumpfmagnat Schwunterfeld entsetzt:
SOHN SCHWÄNGERT SCHRUMPLIGE SEKRETÄRIN
Da staunte das Oberhaupt der alteingesessen Strumpfdynastie Bertold Schwunterfeld (45) nicht schlecht, als wir ihn exklusiv da-

mit konfrontierten, dass eine langjährige Sekretärin seines Hauses nicht nur regelmäßig die Akten sondern vor dem Sohn auch die Kleider ablegte.
So bestätigte uns Gräfin von Horn und Haxe, dass diese bizarre Romanze bereits vor einigen Monaten auf einer ihrer Dinnerpartys begonnen hatte. Anfangs habe sie aus Unkenntnis des wahren Berufes von Frau Dorothea R. die zum Teil sehr offen ausgetauschten Zärtlichkeiten zunächst für eine, in eigenen Worten, „...taktisch geschickte Vorgehensweise eines Abiturienten gehalten, um bei einer vertrockneten Lehrkraft durch sexuelle Gefälligkeiten den eigenen Notendurchschnitt entscheidend zu verbessern."
Zu allem Überfluss soll als Folge dieser Liaison zwischen Sohn Friedrich (19) und Mitarbeiterin Dorothea R. (52) bereits der Grundstein für die nächste Generation der Strumpfhändler gelegt worden sein. Da sich aber führende Gynäkologen standhaft weigern ihre Fachbücher zum Thema „Mangelnde Empfängnisbereitschaft im Alter" umzuschreiben, sollte die Behauptung der werdenden Mutter eine zu sein, vor allem in Hinblick auf das nicht unbeträchtliche Familienvermögen, mit einer gewissen Skepsis betrachtet werden. Ähnlich, wenn auch mit einer Menge mehr Schimpfwörter versetzt, äußerte sich der potentielle Großvater, Bertold Schwunterfeld, in einer ersten Stellungnahme. So drohte er wörtlich „...wehe, wenn da in 9 Monaten kein Schwunterfeld sondern nur ein lauer Furz rauskommt, denn dann weiß ich an wessen Hals ich zukünftig die Belastbarkeit meiner Nylons austesten werde."
Um zumindest den weiteren zukünftigen Familienzuwachs in etwas Herz schonenderer Weise präsentiert zu bekommen, so Bertold Schwunterfeld weiter, habe er seinen bislang am deutschen Hauptsitz jobbenden Sohn mit sofortiger Wirkung in die Mandschurei versetzen lassen. Er hoffe die neue Tätigkeit seines Sprösslings, als operatives Mitglied der Strumpfendkontrolle am Produktionsstandort Jilin im Nordosten Chinas, verhelfe diesem dazu, „...das freudige Stopfen von Löchern unter völlig neuen Gesichtspunkten kennen zu lernen." (bs)

Flohblut: Und du Grujo? Von dir weiß ich überhaupt noch nichts. Was machst du denn so im richtigen Leben?
Grujo: mag ich nich sagn
Flohblut: Erzähl doch einmal, womit du dein Geld verdienst, aber bitte keinen langen Roman sondern in wenigen Worten.

Grujo: wär nich gut für mich
Baegstaeb: Macht auch nichts, wenn du Olnigg nicht helfen kannst.
Grujo: dann is gut

Brief Versicherung Purzel AG an Dorothea Raupel

Sehr geehrte Frau Dorothea Victoria Raupel,
Bezug nehmend auf Ihr Schreiben müssen wir Ihnen leider mitteilen, dass wir uns aufgrund der gegebenen Umstände nicht in der Lage sehen, den von Ihnen zur Abwicklung vorgetragenen Schaden zu ersetzen.

Gemäß den polizeilichen Ermittlungsakten sind an keinem der konstruktionsbedingten Hausöffnungen, wie z.B. Fenster oder Türen, irgendwelche Spuren eines gewaltsamen Eindringens vorgefunden worden. Aus dieser Tatsache lassen sich zweierlei extrem voneinander abweichende Schlüsse ziehen.

Entweder handelte es sich bei dem Täter um einen Meister seines Fachs, der es im Laufe seiner kriminellen Karriere im Verwischen von Spuren zur absoluten Perfektion gebracht hat oder der Einbrecher konnte sich mithilfe eines außerhalb des Hauses versteckten Zweitschlüssels Zugang zum Inneren Ihres Anwesens verschaffen. Betrachtet man den von Ihnen geschilderten Tathergang, dann kommt man allerdings zu einem sehr eindeutigen Ergebnis.

Sie behaupten, dass während Ihrer Abwesenheit ein unbekannter Täter in Ihr Haus eingedrungen sein muss und Ihre sehr wertvolle Vasen- und Porzellansammlung nicht entwendet, sondern komplett in Handteller große Teile zerschlagen haben soll. Weiter habe sich dieser unbekannte Straftäter in die Küche begeben und alle dort vorhandenen gebrannten Trinkgefäße aus den Schränken genommen, um im Anschluss daran mit einer Spraydose in einer letzten, fast schon symbolträchtig zu nennenden, Handlung die vielleicht bereits indirekt beantwortete Frage „Haben Sie nicht alle Tassen im Schrank?" an die Wand zu sprühen.

Bei allem Respekt vor Ihrem Schaden vermögen wir einen solch skurrilen Auswuchs von zielgerichtetem Vandalismus niemals einem professionellen Dieb zuzuordnen, dessen Handeln sich in 100 Prozent der Fälle stets an der erfolgreichen und spurenlosen Entwendung wertvoller Preziosen orientiert. Die geschilderte Tat trägt eindeutig die Handschrift einer Horde primitiver Vandalen, deren vordringlichstes Ziel die Zerstörung fremden Eigentums darstellt. Hierbei stellt sich aber erneut die Frage nach der Art des

Eindringens, denn Personen, die Schaden anrichten wollen, legen bei dem unbefugten Betreten eines Hauses ganz bestimmt keinen Wert auf die Vermeidung jeglicher Einbruchspuren. Somit bleibt als einzige Erklärung für den erfolgreichen Zutritt des oder der Täter in Ihre Räumlichkeiten die Theorie des aufgefundenen oder im Extremfall sogar überlassenen Zweitschlüssels. Da eine solche fahrlässige Handlung, wie das Hinterlegen eines sicherheitsrelevanten Gegenstandes außerhalb des Versicherungsobjektes, einen hinreichenden Grund zur Verweigerung jeglicher Versicherungsleistung darstellt, weisen wir hiermit, nicht zuletzt auch im Sinne unserer Verantwortung den anderen Versicherungsnehmern gegenüber, jegliche Erstattungsansprüche Ihrerseits zurück und kündigen darüber hinaus aufgrund Ihrer recht merkwürdig anmutenden, um nicht zu sagen fantasiereichen, Schadensmeldung mit sofortiger Wirkung das bestehende Vertragsverhältnis.
Vielleicht finden Sie für zukünftige Fälle bei einem unserer Mitbewerber mehr Verständnis für Ihren Scherbenhaufen.
Mit freundlichen Grüßen
Hennes Brandstetter
Schadensabwicklung Purzel AG

17. Die Laborratte

Gildenchat MetzelAsse (Fortsetzung)
Baegstaeb: Leider habe ich keine Idee wie man dem Heiland, oder besser gesagt Henrik Jodlinger beikommen könnte.
Grujo: nochn zeitungsbericht?
Baegstaeb: Mit der Hoffnung dass er ihn beim Frühstück liest und vor lauter Lachen an einem Brötchen erstickt?
Flohblut: Nein, lasst gut sein, etwas vorgesorgt habe ich dann schon auch. Den übernehme ich, oder besser gesagt, den habe ich bereits übernommen.
Baegstaeb: Wie das?
Flohblut: Im Rahmen unserer ersten Kontaktaufnahme bat ich ihn, oder besser gesagt, Herrn Schwunterfeld, eine von mir zugesandte Emailanlage auszudrucken und unterschrieben zurückzusenden.
Grujo: dickes eigentor
Baegstaeb: Ausgezeichnet, was handschriftlich Unterzeichnetes ist immer gut. Was hat er denn unterschrieben? Sein Geständnis? Einen Scheck? Seine Einweisung in die Psychiatrie?
Flohblut: Nicht die Unterschrift war sein Fehler.
Grujo: anhang wars
Flohblut: Bingo, Grujo. Und wenn er innerhalb eines bestimmten Zeitraumes keine zweite Email von mir mit einem weiteren Anhang erhält, dann schaltet sich das Ding scharf.
Baegstaeb: So was kann man machen?
Flohblut: Absolut illegal, aber bei Kunden, bei denen man vorab mit einer gewissen Zahlungsunwilligkeit rechnet, zumindest moralisch durchaus vertretbar.
Baegstaeb: Worauf darf man sich denn in naher Zukunft freuen? Teilformatierung des Zentralrechners inklusive vorangehender schleichender Zersetzung der Datensicherungen? Oder gleich landesweiter Werbespam des Mailservers an Kunden und Staatsanwaltschaft um kostenpflichtige Abmahnungen in Rekord verdächtigen Mengen zu provozieren?
Flohblut: Nein, wesentlich weniger spektakulär. Sobald der kleine Trojaner aktiv ist, wird er recht unscheinbar ein paar dezente Eingriffe in jegliche Korrespondenz unseres ehemaligen Gildenfreundes vornehmen und recht willkürlich das ein oder andere Byte korrigieren.
Baegstaeb: Wie nur ein paar manipulierte Byte? Was soll das denn groß anrichten?

Flohblut: Keine Ahnung, was sich im Detail ereignen wird, aber so kann man die Manipulation seines PCs nicht allzu schnell bemerken. Das Schicksal möge entscheiden, was passieren wird. Meine Fantasie verspricht mir jedoch einiges.

Baegstaeb: Und was geschieht, wenn sich der Virus auch auf andere Computer der Firma ausbreitet?

Flohblut: Das kann ich mir nicht vorstellen. Die Systemadministratoren von heute haben ihre Firmennetzwerke durch Virenscanner und Firewall so perfekt abgeschottet, dass diesbezüglich keine Sorge besteht. Ich bin ja schon froh, wenn zumindest Henrik Jodlinger eines fernen Tages einige für ihn sehr unangenehme Fragen bezüglich Herkunft und Art der Installation des Trojaners wird beantworten müssen.

Email Henrik Jodlinger an Aufsichtsratsvorsitzenden Brunner

Sehr geohrter Herr Brunner,
ich...

Email Henrik Jodlinger an Vertriebsabteilung

...die Produktentwacklung wird von uns bis spätestens Hontag angeschlossen...

Email Henrik Jodlinger an Aufsichtsratsvorsitzenden Brunner

Sehr geehrter?Herr Brunner,
ich...

Email Henrik Jodlinger an Ulrike Jodlinger

Hallo Liebling, warte heute Abend nicht auf mich, ich habe mit meiner Sexretärin noch etwas Dringendes aufzuarbeiten.

Email Henrik Jodlinger an Aufsichtsratsvorsitzenden Brunner

Sehr geehrter Herr Brunzer,
ich...

Verlautbarung Laborleitung

...dieses Jahr im Rahmen unseres alljährlichen Betriebsausfluges eine Reise in die wunderschöne Stadt Onanienburg vorschlagen...

Email Henrik Jodlinger an Ulrike Jodlinger

Liebling, ich habe keine Ahnung, wovon du redest und was man unter einem freudschen Versprecher versteht. Ich schwöre dir, ich habe ein Verhältnis mit meiner Sekretärin.

Email Henrik Jodlinger an Versandabteilung

Die Labertests der neuen Stretchsocken sind in allen Punkten zur vollsten Zufriesenheit verlaufen. Mit dem Versauf kann ab sofort begonnen werden.

Email Versandabteilung an Henrik Jodlinger

Wir haben ihre Nachricht erhalten und wie gewünscht die Emailanlage ausgedruckt und an sie zurückgefixt.

Email Henrik Jodlinger an Versandabteilung

Welche Emailansage?

Bestellung World Fashion GmbH bei Schwunterfeld AG

...wie mit Ihrem Außendienstmitarbeiter besprochen, bestellen wir hiermit zur schnellstmöglichen Lieferung:
Artikel-Nr. 12333 Socken schwarz 1000 Stück = 1125.99 €

Lieferschein Versandabteilung an World Fashion GmbH

Artikel-Nr. 12333 Socken schwarz91000 Stück

Email World Fashion GmbH an Schwunterfeld AG

...haben wir die bestellten 1000 Stück der Lieferung entnommen und veranlassten umgehend die Rückführung des Güterwagens mit der Restware von 90000 Stück. Auch möchten wir Sie diesbezüglich darum bitten, in Zukunft unsere Bestellungen aufmerksamer zu...

Rechnung Schwunterfeld AG an World Fashion GmbH

Artikel-Nr. 12333 Socken schwarz 1000 Stück = 9125.99 €

Email World Fashion GmbH an Schwunterfeld AG

...mussten wir erstaunt feststellen, dass trotz des von Ihrem Außendienstmitarbeiter zugesagten Mengenrabatts der Gesamtpreis 8000 Euro über dem vereinbarten Abnahmepreis von 1125.99

Euro liegt. Deswegen fordern wir Sie auf diesen Umstand umgehendst aufzuklären, damit wir endlich...

Gutschrift Schwunterfeld AG an World Fashion GmbH

Artikel-Nr. 92333 Baumwollfaden 1000 Meter = 1125.99 €

Email World Fashion GmbH an Schwunterfeld AG

...erscheint es uns wahrscheinlicher das Verhalten von Lottozahlen vorherzusagen, als mit Ihnen Geschäfte abzuwickeln. Sollten wir daher noch einen einzigen Fall gependelter Auftragsabwicklung erleben, sehen wir uns leider gezwungen die langjährige Geschäftsbeziehung zu beenden und uns anderweitig...

Email Bertold Schwunterfeld an Geschäftsführer World Fashion GmbH

... und ich besaure zutiefst die Vorfälle der letzten Zeit und versuchere Ihnen persönlich, dass die nächste Rachnung...

Rechnung Schwunterfeld AG an World Fashion

Artikel-Nr. 12333 Socken schwarz 1000 Stück á 1125.99 €

Newsticker worldnews.bornstadt-bollingen.de

+++ Es vermehren sich die Anzeichen, dass die Schwunterfeld AG im letzten Geschäftshalbjahr zunehmend an Großkundschaft verliert, was sich nicht zuletzt in der langsam aber stetig fallenden Kursentwicklung der Aktie widerspiegelt. Allerdings gehen die Börsenanalysten von Upman & Downing wieder von einer raschen Kurserholung aus, sollte es dem Textilriesen gelingen die anstehenden Tarifverhandlungen schnell und ohne verlustreiche Warnstreiks abschließen zu können. +++

Offizielle Pressemitteilung Schwunterfeld AG

...so sah sich die Geschuftsleitung trotz der anhaltend schwachen Auftragslage in der Lage, im Rahmen unseres außerordentlichen Tarifvertrages ein etwas verbessertes Angebot vorzuschlagen. Wir sind bereit im Bereich der Lohnerhöhungen unser Angebot geringfügig von 2.3% auf 9.4% zu erhöhen...

Newsticker worldnews.bornstadt-bollingen.de

+++ Das hastig wieder zurückgezogene Verhandlungsangebot der Schwunterfeld AG verärgert anscheinend nicht nur die Gewerkschaften. Auch die Landesregierung sieht sich in gesamtwirtschaftlich sensiblen Zeiten wie diesen durch eine so Arbeitnehmer verachtende Art der Verhandlungsführung veranlasst, die im Rahmen der Mittelstandsförderung gewährten Kredite neu zu überdenken. +++

Auszug Protokoll Stadtratssitzung Bornstadt-Bollingen

Stadtkämmerer Duckmann stellte den Antrag:
„Ich sehe nicht ein, weshalb man Menschen erst den Mund mit saftigen und nicht zuletzt Konsum fördernden Gehaltserhöhungen wässrig macht und sich am Ende damit herausreden will, es wäre alles ein peinlicher Übermittlungsfehler gewesen. Ich glaube eher daran, dass die Schwunterfeld AG ob ihrer mutigen Zeichensetzung von dem Arbeitgeberverband zurückgepfiffen worden ist. Das dürfen wir uns nicht bieten lassen und wir sollten heute ein deutliches Zeichen setzten. Entweder stehen die zu ihrem Wort oder ab sofort im Regen."

Nahverkehrsleiter Bremsleitner unterstützte diesen Antrag:
„Ich würde sogar soweit gehen zu sagen, entweder stehen die zu Ihrem Wort oder ab sofort im Stau.
Da die Gewerbeeinnahmen aus dem Unternehmen gerade in den letzten Monaten sehr rückläufig waren, wäre es auch in meinem Interesse die bestehenden und sehr unrentablen Bus- und Bahnverbindungen zu dem weit außerhalb des Stadtzentrums gelegenen Firmengelände einzustellen.
Auch schlage ich vor die Straßensanierung aller Zufahrtswege auf Priorität 99 herabzustufen, die wartungsaufwendigen Ampelanlagen schnellstmöglich demontieren zu lassen und die hierdurch frei werdenden Mittel in andere Straßenbauprojekte zu investieren.
Nicht zuletzt sollten wir im Sinne der Sicherheit unserer Mitbürger die kommunale Verkehrsüberwachung in bestimmten Bereichen unseres Industriegebietes entscheidend intensivieren."

Stadtbauamtsmeister Brechbalk unterstützte den unterstützenden Antrag:
Ich glaube die Brücke, die die einzige Zufahrt zum Firmengelände ermöglicht, sollte entgegen früherer Entscheidung für jeglichen Schwerlastverkehr gesperrt werden. Ich habe so ein Gefühl, dass

neue von uns in Auftrag zu gebende Untersuchungen offenbaren werden, wie dauerhaft schädigend die Belastung durch Lastkraftwagen für die Tragkraft dieser sehr alten Stahlträgerkonstruktion ist."

Bürgermeister Fallenberg entschied:
„Ich werde im Anschluss an diese Sitzung Kontakt mit dem japanischen Sushi-Importeur aufnehmen, der unlängst in unserer Region einen geeigneten Firmenstandort gesucht hatte. Ich denke sobald das Problem Schwunterfeld AG ad acta gelegt sein wird, dürften jene sehr an deren Produktionsstandort, Lagerhallen und natürlich auch an Teilen der Belegschaft interessiert sein.

Ich sehe mich moralisch nicht mehr verpflichtet meinen Kegelfreund Bertold, ich korrigiere, dem in meiner Eigenschaft als Vorsitzender ab heute aus dem Kegelverein ausgeschlossenen Herrn Schwunterfeld weiterhin den Rücken zu stärken."

Strafanzeige Henrik Jodlinger

Sehr geehrter Herr Jodlinger,
leider mussten wir in unserer Eigenschaft als kommunale Verkehrsüberwachung feststellen, dass Sie in den letzten 14 Tagen bei der An- und Abfahrt zu dem Firmengelände der Schwunterfeld AG 28 Mal mit erhöhter Geschwindigkeit gemessen worden sind.

Überschreitungen mit den bei Ihnen gemessenen 10 km/h bis 15 km/h über der zulässigen Höchstgeschwindigkeit sind an sich mit einfachem Bußgeld zu belegen. Wegen der in Ihrem Falle gegebenen überdurchschnittlichen Wiederholungsauffälligkeit sahen wir uns aber leider gezwungen ein Ermittlungsverfahren einzuleiten.

Wir haben mit gleicher Post das Kraftfahrtbundesamt in Flensburg informiert und die dortigen Behörden gebeten eine medizinischpsychologische Untersuchung einzuleiten und feststellen zu lassen, ob Sie mit Ihrer notorisch querulanten Fahrzeugführung eine Gefahr für Mensch und Umwelt darstellen.
Mit freundlichen Grüßen
Ihre kommunale Verkehrsüberwachung

Gemeindeblatt Bornstadt-Bollingen

Die Autobahnumgehung kommt!
Trotz leerer Stadtkassen hat der Stadtrat in einer außerordentlich anberaumten Sitzung gestern Abend beschlossen, den bisher

zurückgestellten Bau der Umgehungsautobahn nun doch endlich in Angriff zu nehmen.

Überraschenderweise wurde die bisher geplante Trassenführung geringfügig angeändert und führt nun in ihrem südlichen Teil in unmittelbarer Nähe an der ehemaligen Schwunterfeld Villa vorbei die heute im Besitz des Entwicklungschefs der Firma ist. Da sich deren Eigentümer, Herr Dr. Henrik J., (siehe auch Bericht Lokalteil über dessen Scheidungskrieg) zurzeit in Norddeutschland aufhält, konnten wir bis zum Redaktionsschluss noch keine Stellungnahme erhalten. Allerdings hoffen wir, in der morgigen Ausgabe zumindest konkrete Zahlen bezüglich der enormen Verlusthöhe des Grundstückswertes berichten zu können.

Newsticker worldnews.bornstadt-bollingen.de
+++ Aktienkurs Schwunterfeld AG bricht dramatisch ein. Gerüchte um verlorenes Kundenvertrauen, betriebsinterne Streikorgien und enorme Probleme der Zulieferer aufgrund infrastruktureller Katastrophen sorgten für einen in der Geschichte des MDAX einmaligen Kursrutsch, der mit Kurswerten im Tausendstelbereich knapp über Null selbst die Anzeigetafel der Frankfurter Börse zeitweise außer Funktion setzte. +++

Newsticker worldnews.bornstadt-bollingen.de
+++ Schwunterfeld AG meldet Insolvenz an. +++

18. Der Anfang vom Ende

Gildenchat MetzelAsse (Fortsetzung)

Baegstaeb: Und woran wirst du merken ob der Trojaner aktiviert worden ist?

Flohblut: Als sozusagen erste Amtshandlung lasse ich mir von Freund Computer einen kleinen Hinweis schicken.

Email Henrik Jodlinger an Olnigg

Prozessor macht Bäuerchen.